Aktienanalyse in drei Schritten

Jörn Peters

Aktienanalyse in drei Schritten

Bonität, Kurs und Charts: Wie Sie die Aktien finden, die zu Ihnen passen

Jörn Peters
Bautzen, Deutschland

ISBN 978-3-658-32831-3   ISBN 978-3-658-32832-0 (eBook)
https://doi.org/10.1007/978-3-658-32832-0

Die Deutsche Nationalbibliothek verzeichnet diese Publikation in der Deutschen Nationalbibliografie; detaillierte bibliografische Daten sind im Internet über http://dnb.d-nb.de abrufbar.

Springer
© Der/die Herausgeber bzw. der/die Autor(en), exklusiv lizenziert durch Springer Fachmedien Wiesbaden GmbH, ein Teil von Springer Nature 2021
Das Werk einschließlich aller seiner Teile ist urheberrechtlich geschützt. Jede Verwertung, die nicht ausdrücklich vom Urheberrechtsgesetz zugelassen ist, bedarf der vorherigen Zustimmung des Verlags. Das gilt insbesondere für Vervielfältigungen, Bearbeitungen, Übersetzungen, Mikroverfilmungen und die Einspeicherung und Verarbeitung in elektronischen Systemen.
Die Wiedergabe von allgemein beschreibenden Bezeichnungen, Marken, Unternehmensnamen etc. in diesem Werk bedeutet nicht, dass diese frei durch jedermann benutzt werden dürfen. Die Berechtigung zur Benutzung unterliegt, auch ohne gesonderten Hinweis hierzu, den Regeln des Markenrechts. Die Rechte des jeweiligen Zeicheninhabers sind zu beachten.
Der Verlag, die Autoren und die Herausgeber gehen davon aus, dass die Angaben und Informationen in diesem Werk zum Zeitpunkt der Veröffentlichung vollständig und korrekt sind. Weder der Verlag, noch die Autoren oder die Herausgeber übernehmen, ausdrücklich oder implizit, Gewähr für den Inhalt des Werkes, etwaige Fehler oder Äußerungen. Der Verlag bleibt im Hinblick auf geografische Zuordnungen und Gebietsbezeichnungen in veröffentlichten Karten und Institutionsadressen neutral.

Titelbild: BAIVECTOR – stock.adobe.com

Springer ist ein Imprint der eingetragenen Gesellschaft Springer Fachmedien Wiesbaden GmbH und ist ein Teil von Springer Nature.
Die Anschrift der Gesellschaft ist: Abraham-Lincoln-Str. 46, 65189 Wiesbaden, Germany

Vorwort

Im Jahr 2013 durfte ich zum ersten Mal eine Vorlesungsreihe zum Themenfeld der Wertpapieranlage halten. Die Vorlesungsreihe richtete sich an künftige Bankangestellte und Mitarbeiter in Finanzvertrieben in einem dualen Studiengang. Neben Kundenstruktur, Kundenbedürfnissen und regulatorischen Entwicklungen wollte ich den Studierenden ein einfaches Werkzeug in die Hand geben, mit dem sie den Nutzen einer Wertpapieranlage für sich selbst oder für eine dritte Person bestimmen können. Das Ziel war, sie unabhängig vom vertriebseigenen Research und von den Empfehlungen anderer entscheiden zu lassen, welche Wertpapieranlage sinnvoll ist und welche vielleicht nicht. Sie sollten am Wertpapiermarkt für sich und für ihre Kunden aufgrund einer eigenen fundierten Haltung handeln können. Also entwickelte ich für diese Vorlesungsreihe die in diesem Buch beschriebene Methode zur Analyse von Aktien. Selbst hatte ich schon viele Jahre Geld in Aktien angelegt und natürlich auch Lehrgeld bezahlt. Diese Erfahrungen halfen mir bei der Formulierung der hier vorgestellten Methode ebenso wie meine jahrelange Tätigkeit als Firmenkundenbetreuer.

Mein Ansatz war, eine Methode zu formulieren, die erstens Chancen und Risiken analytisch genau aufzeigt, zweitens ein klares Entscheidungskriterium enthält und drittens einfach zu handhaben ist. Der dritte Punkt war mir dabei der wichtigste. Diese Vorlesungsreihe durfte ich einige Jahre wiederholen und so hatte ich viele Gelegenheiten, diese Methode zu testen, selbst anzuwenden oder in Übungen testen zu lassen.

Dieses Buch richtet sich an Menschen, die Lust haben, sich mit ihren Geldanlagen selbst zu befassen und die Chancen bei der Geldanlage zu nutzen. Mit der hier vorgestellten Methode werden die Chancen wie auch die Risiken analytisch hergeleitet und dargestellt, um eventuellem Übermut oder gar Leichtsinn ebenso zu begegnen wie lähmend übertriebener Vorsicht. Jeder Leserin und jedem Leser wünsche ich viel Freude an und mit diesem Buch und viel Erfolg bei der Anwendung der in diesem Buch vorgestellten Methode. Zudem bedanke ich mich herzlich und vielmals bei dem Verlag für die Veröffentlichung und ganz herzlich bei der Lektorin für die sehr wertvolle Zusammenarbeit.

Bautzen, im Januar 2021   Jörn Peters

Disclaimer

Links, Websites, Unternehmen oder Quellen
In diesem Buch werden Links, Websites, Unternehmen oder Quellen genannt, deren Inhalte kommerziell sind. Mit keinem Anbieter habe ich Provisionsvereinbarungen oder anderweitige kommerzielle Interessen. Falls ich in diesem Buch davon berichte, dass ich das eine oder andere Angebot nutze, so ist dies nicht als Aufforderung zur Nachahmung zu verstehen. Im Gegenteil bitte ich jede Leserin und jeden Leser darum, die vorgestellten Angebote kritisch zu prüfen, bevor sie eventuell genutzt werden. Eine irgendwie geartete Verantwortung für die Inanspruchnahme der in diesem Buch vorgestellten Leistungen der kommerziellen Anbieter kann ich nicht übernehmen, da ich auf die Anbieter und ihre Leistungen keinen Einfluss habe.

Alle Verlinkungen wurden bei Redaktionsschluss (12. Januar 2021) sorgfältig überprüft und waren zu diesem Zeitpunkt aktuell und valide. Für Veränderungen, die die Betreiber der angesteuerten Webseiten nach dem 12. Januar 2021 an ihren Inhalten vornehmen oder für mögliche Entfernungen solcher Inhalte übernehmen der Verlag und die Autoren keinerlei Gewähr.

Zudem haben der Verlag und die Autoren auf die Gestaltung und die Inhalte der externen gelinkten Seiten und Angebote keinerlei Einfluss genommen und machen sich deren Inhalte nicht zu eigen.

Eine Aktienanlage ist immer mit einem Risiko verbunden
Last not least muss ich von vornherein klar und deutlich darauf hinweisen, dass eine Anlage in Aktien ohne Risiko nicht möglich ist. Es ist sogar vorstellbar, dass das gesamte in Aktien investierte Kapital verloren geht. Auch mit der hier vorgestellten Methode der Aktienanalyse ist dies nicht auszuschließen. Nach meiner persönlichen Erfahrung bzw. meiner darauf beruhenden Meinung werden durch die Anwendung der hier vorgestellten Methode die Verlustrisiken zwar verringert. Sie sind aber nicht gänzlich vermeidbar.

Inhaltsverzeichnis

1 Einführung: Bargeld, Bankguthaben, Sparbuch, Fonds und Aktien   1
1.1 Börsennotierte Fonds statt Sparbuch?   3
1.2 Bargeld, Bankguthaben und Aktien   5
1.3 Warum die Aktienanlage allein handhaben?   8
1.4 Definition Aktien   9

2 Schritt 1 „Bonitätsanalyse": Fundamentale Aktienbewertung   11
2.1 Was ist eine Aktie wert?   12
2.2 Methoden der Wertbestimmung   14
2.3 Fundamentale Analyse   16
2.4 Jahresabschlussanalyse   17
    2.4.1 Woher bekommen wir die Informationen?   17
    2.4.2 Zweck der Jahresabschlussanalyse   20
    2.4.3 Kennziffernwahl   21
    2.4.4 Rating oder Kennziffernanalyse?   37

3 Schritt 2 „Kurswertanalyse": Welche Chancen verspricht die Aktie?   45
3.1 Anlagehorizont   46
3.2 Ermittlung des Zielkurses   46
3.3 Ein Zahlungsstrom   50

3.4	Der Kalkulationszinsfuß		51
	3.4.1	Exkurs: Capital Asset Pricing Model (CAPM)	52
	3.4.2	Der Einstandszinssatz	54
	3.4.3	Die Risikoprämie	57
	3.4.4	Der Gewinnzuschlag	64
3.5	Bewertung des Zielkurses		66

4 Schritt 3: „Chartanalyse": Kaufzeitpunkt – Wie wird die Aktie sich entwickeln? — 71

4.1	Kaffeesatzleserei oder einzige Wahrheit?		72
4.2	Beispiel VW		74
4.3	Einfach und langweilig: das Linienchart		76
4.4	Besonders und lang erprobt – Candlesticks		82
4.5	Indikatoren – die langweiligen reichen aus		90
4.6	Moving Average Convergence Divergence (MACD)		90
4.7	Relative Stärke Index (RSI)		97
	4.7.1	Exkurs zu den Bollinger-Bändern	97
	4.7.2	Nun aber zum RSI	99

5 Fazit und Ausblick — 105

5.1	Die drei Schritte der Aktienanalyse	106
5.2	Handhabung des Risikos	108
5.3	Abschließende Gedanken	111

Literatur — 115

Abkürzungsverzeichnis

BWL	*Betriebswirtschaftslehre*
CAPM	*Capital Asset Pricing Model*
CO_2	*Kohlendioxid*
CSR-Bericht	*Bericht über die Wahrnehmung der unternehmerischen und sozialen Verantwortung (Corporate Social Responsibility)*
DAX	*Deutscher Aktienindex*
DVFA/SG	*Deutsche Vereinigung für Finanzanalyse und Asset Management/Schmalenbach-GEsellschaft*
EBITDA	*Earnings before Interests, Taxes, Depreciation and Amortisation, Gewinn vor Zinsen, Steuern und Abschreibungen*
ETF	*Exchange Traded Fund – börsennotierter Fund*
EZB	*Europäische Zentralbank*
MACD	*Moving Average Convergence Divergence*
RSI	*Relative Stärke Index*
S&P	*Standard and Poors – eine wichtige amerikanische Ratingagentur*
S-K-S	*Schulter-Kopf-Schulter-Formation*
SMA	*Single Moving Avereage – einfacher gleitender Durchschnitt*

XII Abkürzungsverzeichnis

usw.	*und so weiter*
WHO	*Weltgesundheitsorganisation*
WKN	*Wertpapierkennnummer*
z. B.	*zum Beispiel*

1

Einführung: Bargeld, Bankguthaben, Sparbuch, Fonds und Aktien

Zusammenfassung In den nachfolgenden Kapiteln wird dargestellt, warum der Autor Aktienanlagen tätigt, obwohl Aktienanlagen mit Risiken verbunden sind. Dabei werden auch die in den letzten Jahren sichtbar gewordenen Risiken von Bankeinlagen angesprochen. Ebenso wird begründet, warum der Autor es für sinnvoll hält, dass sich Anleger eigenständig mit Aktienanlagen befassen und eigenständig Aktien analysieren, bevor sie diese kaufen (oder vom Kauf absehen). Dabei wird auch eine Abwägung mit Anlagen in einem ETF vorgenommen. Es wäre ideal, wenn eine Leserin oder ein Leser nach der Lektüre dieses Buches die Beschäftigung mit der Aktienanlage lohnend findet und dabei analytische Vorgehensweisen in den Mittelpunkt der Aktienanlagen stellt. Kritische Leserinnen und Leser werden feststellen, dass auch andere Formen der Aktienanalyse in der Öffentlichkeit diskutiert werden. Die Vorteile der hier vorgestellten Methode werden im Folgenden erläutert. Zum Abschluss des Kapitels wird der Begriff „Aktie" definiert.

Wer sich für Geldanlagen in Aktien interessiert, muss sich darüber im Klaren sein, dass sie oder er sich für eine Geldanlage interessiert, die riskant ist. Es muss ganz klar festgestellt werden, dass eine Anlage in Aktien ohne Risiko nicht möglich ist. Es ist ganz im Gegenteil sogar vorstellbar, dass das gesamte in Aktien investierte Kapital verloren geht. Auch mit der hier vorgestellten Methode der Aktienanalyse ist dies nicht auszuschließen. Nach meiner Erfahrung bzw. meiner darauf beruhenden Meinung werden durch die Anwendung der hier vorgestellten Methode die Verlustrisiken zwar verringert. Sie sind aber nicht gänzlich vermeidbar.

In diesem Buch werden Links, Websites, Unternehmen oder Quellen genannt, deren Inhalte kommerziell sind. Mit keinem Anbieter habe ich Provisionsvereinbarungen oder anderweitige kommerzielle Interessen. Falls ich in diesem Buch davon berichte, dass ich das eine oder andere Angebot nutze, so bitte ich keinen Leser und keine Leserin, dies nachzuahmen. Im Gegenteil bitte ich jede Leserin und jeden Leser darum, die vorgestellten Angebote kritisch prüfen, bevor sie eventuell ausgewählt werden. Eine irgendwie geartete Verantwortung für die Inanspruchnahme der in diesem Buch vorgestellten Leistungen der kommerziellen Anbieter kann ich nicht übernehmen, da ich auf die Anbieter und ihre Leistungen keinen Einfluss habe.

Bei der Aktienanlage wird Geld in Instrumente investiert, für die jeden Tag Diskussionen und Bewertungen stattfinden, die sich in Preisbewegungen niederschlagen. Es ist nur natürlich, dass eine ganze Reihe solcher Preisbewegungen auch Preisrückgänge sind, die das investierte Vermögen zumindest vorübergehend schmälern. Wer dies nicht ertragen kann, sollte Aktienanlagen fernbleiben. Ebenso ist ein Totalverlust von Aktienanlagen niemals auszuschließen. Das kann durch überraschende negative wirtschaftliche und politische Entwicklungen induziert sein oder durch Analysefehler, die auch erfahrenen Aktienanalysten, also erst recht Laien immer wieder unterlaufen. Zu der ersten Gruppe

1 Einführung: Bargeld, Bankguthaben, Sparbuch, ...

gehört zum Beispiel, dass die Börse in Extremszenarien durchaus auch für lange Zeit geschlossen werden kann. Als Beispiel für die zweite Gruppe kann ein geneigter Leser oder eine geneigte Leserin sich einmal heraussuchen, wie lange es Kaufempfehlungen von Analysten für Wirecard AG gab. Abschließend der Hinweis, dass der Einfachheit halber altmodischer Weise ein Mensch, Leser, Anleger, Bürger oder Steuerzahler mit maskulinem Attribut bezeichnet wird, wohlwissend, dass die Hälfte dieser Entitäten weiblich ist, und in Deutschland nun weitere Genderbezeichnungen nötig wären, um alle jeweils zu benennen. Darauf wird ebenso verzichtet, wie die Namen aller potenziellen Leser zu nennen. In dieser Arbeit wird grundsätzlich für Leser, Leserinnen, Anleger, Anlegerinnen und ähnliche anonyme und plurale Personenbeschreibungen allein aus Gründen der Sprachökonomie stets das maskuline Genus verwendet.

1.1 Börsennotierte Fonds statt Sparbuch?

Im Jahre 2012 war Mario Draghi auf Dienstreise in London. Sein Dienstgeber, der ihn quasi nach London sandte, war die Europäische Zentralbank. Vermutlich wird niemand persönlich Herrn Draghi nach London entsandt haben, denn er war der Präsident der Europäischen Zentralbank, also mächtig genug, um über seine Reisen allein zu entscheiden. Er wird auch mächtig genug gewesen sein, um über das zu entscheiden, was er sagen wollte. Und er sagte sinngemäß, dass er tun werde, was immer nötig sein wird. Und das werde ausreichend sein. Er meinte damit den Beitrag, den die EZB zur Rettung des Euro zu leisten gedachte.[1] Draghi verfolgte seinen Plan zur Eurorettung ziemlich kon-

---

[1] Wer die Rede sich anhören möchte, hier ein Verweis auf Youtube https://www.youtube.com/watch?v=tB2CM2ngpQg.

sequent. Dieser Plan bestand offenbar darin, die Hortung von Geld unattraktiv zu machen, das Leihen von Geld dagegen sehr attraktiv. Damit sollte die Verschuldung angekurbelt werden, was wiederum die Wirtschaftsentwicklung ankurbeln sollte. Also wurden die Zinsen gesenkt. Und alles, was sich zu Kredit machen ließ, wurde beliehen. Banken konnten ihre Vermögenswerte also der EZB als Sicherheit hinterlegen und bekamen hierfür Kredite. Es gab Gerüchte, dass auch die Ablösesumme berühmter Fußballspieler der EZB als Sicherheit diente, von der EZB also als Vermögenswert einer Bank akzeptiert wurde. Danach kaufte die EZB auch Anleihen. Zunächst Anleihen der Mitgliedsländer, danach Unternehmensanleihen, übrigens auch von Unternehmen, von denen man gar nicht gedacht hätte, dass sie in der Eurozone domiziliert sind. Die Zinsen sanken auf null, und als Draghi das nicht reichte, auch darunter. Das veränderte das Umfeld für Sparer dramatisch. Gingen sie früher zur Bank, konnte ein seriös wirkender Bankberater den Sparern Termineinlagen oder Bankschuldverschreibungen mit attraktiv erscheinender Verzinsung anbieten. Für mutigere Anleger gab es Fonds oder Staatsanleihen. Dieses ganze Geschäft war nun nicht mehr möglich, jedenfalls war kein Anleger mehr vom Vorteil eines solchen Geschäfts, bei dem für den Kauf einer mündelsicheren Anlage kein Zins mehr zu erwarten, sondern im Gegenteil zu zahlen wäre, zu überzeugen. Die Finanzpresse fand schnell einen Ausweg: ETF. Börsennotierte Fonds, die einen Aktienindex nachbilden, sollten die traditionell sehr beliebten, weil sicheren Anlagen ersetzen. Und der Sparer solle, so waren die Finanzmedien zu verstehen, seinen Mut zusammennehmen und endlich seine Sicherheitsorientierung ablegen. Und endlich am Aktienboom teilhaben, der seitdem nicht enden wollte. Denn die Wirkung von den Maßnahmen der EZB war, dass die Preise für Vermögensanlagen unablässig steigen. Nun sind offenbar einige Anleger gegenüber einer Anlage in Aktienfonds oder gar Aktien skeptisch, zumindest wird dies durch die Statistiken zur Struktur des Geldvermögens der privaten Haushalte nahegelegt.[2] Und das könnte daran liegen, dass diese Anleger nicht verstehen, warum sie ein Risiko eingehen sollen, dass sie nicht einschätzen können, um ihr hart erarbeitetes Geld aufzubewahren. Die Anleger wären also sehr vernünftig. Genau hier setzt dieses Buch an. Wer Geld anlegt, sollte das Risiko der Geldanlage einschätzen können. Und dieses Risiko lernt am besten derjenige einschätzen, der sich selbst um seine Geldanlage kümmert. Wer dann zu dem Schluss kommt, dass ein ETF für ihn eine gute Idee ist, der wird diese Idee bewusst und mit einer höheren Erfolgswahrscheinlichkeit umsetzen als jemand, der einfach nur dem medialen Lärm folgt. In diesem Buch wird also dargestellt, wie Aktien ausgewählt und bewertet werden. Der Aktienkauf wird damit zur Arbeit. Aber ohne Arbeit ist Gewinn nicht seriös.

1.2 Bargeld, Bankguthaben und Aktien

Warum soll jemand sein Geld oder einen Teil davon in Aktien anlegen? Das ist eigentlich eine unzulässige Frage. Denn jemandem vorzuschreiben, was er mit seinem Geld zu tun und zu lassen hat, widerspricht dem Charakter des Geldes. Geld ist möglicherweise (es gibt hierzu verschiedene Auffassungen) so etwas wie aufbewahrte, gespeicherte Arbeit. Und der Ausdruck dieser Arbeit in Geld soll gerade nicht zu einer Pflicht führen, sondern zu einer Möglich-

---

[2] Hierzu folgender Verweis https://de.statista.com/statistik/daten/studie/153566/umfrage/verteilung-des-geldvermoegens-in-deutschland/.

keit.³ Ansonsten funktioniert Geld als Arbeitsspeicher nicht, es verliert seinen Sinn. Daraus folgt natürlich, dass niemand Geld in Aktien anlegen *soll*. Warum aber könnte sich eine Anlage in Aktien lohnen? Hierfür sehe ich folgende Gründe:

1. In einem Umfeld, in dem die Geldmenge durch die Zentralbanken beliebig gesteuert und möglicherweise zur Vermeidung von wirtschaftlichen Verwerfungen tendenziell eher erhöht wird,⁴ ist es günstig, sich über andere Wertspeicher (Arbeitsspeicher), als Geld in Form von Bargeld oder Bankguthaben Gedanken zu machen.
2. Es ist meiner Meinung nach günstig, sich zu vergegenwärtigen, was Bankguthaben sind: Es sind Kredite an eine Bank. Hierfür stellt die Bank dem Einleger keine Sicherheiten. Die Banken sind zwar verpflichtet, Sicherungssysteme zu unterhalten, und bisher haben diese Systeme auch meistens funktioniert.⁵ Aber diese Systeme haben naturgemäß Grenzen. Und dass Banken riskant sind, scheint die Bankenaufsicht wohl so zu sehen. Daher unterzieht sie die Banken regelmäßig Stresstests, erhebt laufend Reports von den Banken und prüft die Banken mit sehr hohem Aufwand. Wer möchte, kann sich die Veröffentlichungen der Europäischen Zentralbank, der Deutschen Bundesbank, der European Banking Authority oder der Bundesanstalt für Finanz-

---

³ Das sieht der Staat naturgemäß anders, er folgert aus dem Vorhandensein von Geld die Pflicht zur Steuerzahlung; ordnungssystematisch ließe sich das so auflösen, dass nicht Geld, sondern z. B. das Einkommen, dass zu Geld führt, besteuert wird. Dies ist jedoch nicht der einzige Besteuerungsgrund. Und mit der CO_2-Steuer wird wohl das bloße Luftholen sich zu den bestehenden Besteuerungsgründen gesellen.
⁴ Hierzu die berühmte Rede des ehemaligen Chefs der Federal Reserve Bank Ben Bernanke vom 21.11.2002 https://www.federalreserve.gov/boarddocs/speeches/2002/20021121/.
⁵ Kennt jemand noch die Kaupting Bank?

1 Einführung: Bargeld, Bankguthaben, Sparbuch, ...

dienstleistungsaufsicht durchlesen. Aus solcher überaus mühsamen Lektüre würde ich schließen, dass Bankeinlagen keineswegs risikofrei sind, wogegen die Chancen limitiert sind.

3. Aktien ermöglichen die Teilhabe am produktiv eingesetzten Kapital eines Unternehmens mit den damit verbundenen Chancen und Risiken. So wie der Gärtner seinen Obstbaum hat, der jedes Jahr etwas wächst und einen Ertrag bringt, dessen Umfang ziemlich unsicher ist, so kann der Besitz einer Aktie ganz ähnlich mit Chancen und Risiken verbunden sein. Möglicherweise ist der Besitz nur einer Aktie oder beliebig vieler Aktien nur eines Unternehmens sogar risikobehafteter als der Besitz eines Gartens, in dem selten nur eine Pflanze Ertrag oder Freude bringt. Aber dazu später. Nun ist die Frage, warum es günstig sein soll, mit der Aktienanlage die Zahl der Risiken zu erhöhen. Schließlich hat jeder Mensch genügend Risiken zu bewältigen. Also ist es einleuchtend, nur Risiken einzugehen, die erstens nicht lebensbedrohlich sind und denen zweitens genügend Chancen gegenüberstehen. Aber seien wir mal ehrlich: Wie ist die Teilnahme am Straßenverkehr nach dieser Überlegung zu bewerten? – Natürlich gibt es Beispiele von Leuten, die sich mit Spekulationen in den Ruin gestürzt haben und sich in der Folge das Leben nahmen. Wir werden miteinander besprechen, wie man eine solch verheerende Situation bestmöglich vermeidet. Und mir scheinen diese Fälle wesentlich stärker vom Verhalten der Spekulanten abhängig (also vermeidbar) zu sein als Verkehrsunfälle vom Verhalten der verunfallten Verkehrsteilnehmer.[6]

---

[6] So wurde ich selbst als Passagier eines Busses Opfer eines Verkehrsunfalles und würde jegliche Schuld daran von mir weisen.

1.3 Warum die Aktienanlage allein handhaben?

Warum sich nun also die Arbeit machen, sich auf eigene Faust Aktien herauszusuchen und zu bewerten, um sie am Ende vielleicht doch nicht zu kaufen? Gibt es nicht gut bezahlte Fachleute, die das besser können? Richtig. Gut bezahlt sind diese Fachleute. Und ihre gute Bezahlung ist ihr wesentliches Interesse. Die Vermögensmehrung der Anleger ist dabei nur ein mögliches Mittel. Neben der Vermögensentwicklung der Anleger sind sie auch deren Moden ausgesetzt. Wenn es also eine Mode gibt, werden diese Fachleute der Mode folgen, da sie sonst ihre Bezahlung möglicherweise verlieren. Bei Börsengeschäften ist es jedoch nicht immer ratsam, Moden zu folgen. Im Extremfall ist es sogar gefährlich, wie die Blase um die Jahrtausendwende gezeigt hat. Wir Menschen folgen vielleicht Moden, weil wir die Intuition haben, dass das, was viele machen, nicht falsch sein kann. Ein solches Verhalten ist aber für die Bewertung eines Geschäftes kein sinnvolles Kriterium. Ein sinnvolles Kriterium zur Beurteilung eines Geschäftes ist, ob die Chance das Risiko übersteigt oder ob die Chance das Risiko rechtfertigt. Und Anlagen in Aktien sind Geschäfte.

Nun kann eingewendet werden, dass dann ja ETF-Anlagen ideal wären. Hier gibt es keinen teuren Fondsmanager. Und die Zusammensetzung des ETF richtet sich nach dem zu Grunde liegenden Index. Das ist richtig. Also entscheidet nicht der Anleger, welche Aktien er kauft, sondern die Index-Zusammensetzung. ETF können eine gute Lösung sein. Selbst verwende ich auch ETF, aber nicht als Schwerpunkt meiner Aktienanlage. Ich möchte mich für oder gegen eine konkrete Aktie entscheiden können und mit einem Aktienkauf eine konkrete Erwartung verbinden. Das ist bei ETF nicht möglich, hier benötigt man eine

Haltung zu einem Index. Das ist, wenn diese Haltung qualifiziert sein soll, auch nicht einfacher als bei einer konkreten Aktie.

Für mich ist die Auswahl der Einzeltitel vergleichbar mit der Gestaltung eines Gartens. Vor gut einer Generation war ein Garten das, was viele heute von der Geldanlage erwarten. Er bot Freude, Ertrag, Sicherheit, Möglichkeiten zum Austausch und forderte im Gegenzug Arbeit. Das alles bietet ein Garten immer noch. Aber aufgrund der niedrigen Lebensmittelpreise werden diese Vorzüge eines Gartens seltener geschätzt als zu einer Zeit, in der die winterliche Speisekarte stark von der sommerlichen Ernte und ihrer Verarbeitung geprägt war. Kein Gärtner der Welt käme auf den Gedanken, einen normierten Garten mit identischer Bepflanzung zum Nachbargarten zu führen. Eine Anlage in ETF kommt mir aber so vor. Letztlich steht ein ETF-Anleger wieder in der Gefahr, einer Mode zu folgen. Und dies ist kein unbedingt erfolgreiches Modell zur Aktienanlage.

Somit hoffe ich, nun genügend Argumente für die selbstständige sorgfältige Auswahl und Bewertung von Aktien vorgebracht zu haben.[7]

1.4 Definition Aktien

Was ist eine Aktie? Oft höre ich zur Antwort, eine Aktie sei ein Unternehmensanteil. Das glaube ich nicht. Zur Begründung möchte ich die Definition für ein Unternehmen anführen, wie ich sie in der Vorlesung „Sozialistische Betriebswirtschaft" an der Handelshochschule in Leipzig ge-

---

[7] Gegenwärtig wird auch von Profis die Wichtigkeit einer sorgfältigen Auswahl von Aktien diskutiert. Als Beispiel hierfür folgender Link https://www.godmode-trader.de/artikel/ende-der-vorrangstellung-der-aktionaersinteressen,8417213.

hört habe: Ein Unternehmen ist eine sozial-ökonomische und eine technisch-organisatorische Einheit, und zwar beides. Als Dozent für allgemeine BWL verwende ich genau diese Definition. Eine Aktie ist demnach kein Anteil an einem Unternehmen. Denn die Summe aller Anteile wäre ja das Unternehmen als Ganzes, also sein Marketing, sein Produktprogramm, die Anzahl seiner Patente, die Mitarbeiter insgesamt und jeder einzeln, die Kantine, der Maschinenpark, all das. Das ist die Summe aller Aktien aber nicht. Die Summe aller Aktien ergibt das Grundkapital der Aktiengesellschaft, also jenen Teil des Eigenkapitals, das bei Gründung des Unternehmens eingebracht werden musste oder zuletzt in Kapitalerhöhungen aufgebracht wurde. Mit dem Besitz einer Aktie oder sogar aller Aktien eines Unternehmens ist kein Recht am Unternehmen selbst verbunden. Ein Aktionär der Deutschen Bank darf sich nicht im Tresorraum der Deutschen Bank bedienen. Ein Aktionär der Deutschen Telekom muss wie jeder andere Telefonkunde auch seine Telefonrechnung begleichen. Aber der Anteil am Grundkapital gibt dem Aktionär bestimmte Rechte. Grundsätzlich sind dies drei Rechte: nämlich

1. Rechenschaft vom Vorstand und vom Aufsichtsrat zu fordern,
2. über die Zusammensetzung des Aufsichtsrats zu bestimmen und
3. einen Anteil am Gewinn ausgezahlt zu bekommen.

Dieser Anteil am Gewinn, Dividende genannt, interessiert uns Leute mit kleinem Geldbeutel wesentlich mehr als all die anderen Rechte. Und die Erwartung hinsichtlich der Entwicklung der Dividende bestimmt unsere Wertannahme für eine Aktie mehr als der Nachfolger irgendeines Aufsichtsratsmitglieds.

2

Schritt 1 „Bonitätsanalyse": Fundamentale Aktienbewertung

Zusammenfassung In diesem Hauptabschnitt wird die Methode zur Analyse des Jahresabschlusses Schritt für Schritt hergeleitet. Dabei wird nach einleitenden Gedanken über den Wert einer Aktie zunächst die fundamentale Analyse der Aktiengesellschaft als Emittent der Aktie vorgestellt. Diese erfolgt anhand des Jahresabschlusses der Aktiengesellschaft. Nach einer überblicksartigen Erläuterung des Jahresabschlusses werden Kennziffern zur Analyse und Beurteilung des Jahresabschlusses eingeführt und begründet. Die Aussage und die Grenzen jeder Kennziffer werden vorgestellt. Ziel ist, aus möglichst wenigen Kennziffern ein umfassendes Bild des Unternehmens und seiner Erfolgspotenziale zu erhalten. Diese Analyse des Jahresabschlusses und mündet in ein einem Rating ähnelndem Ergebnis.

2.1 Was ist eine Aktie wert?

Eine Aktie kostet, was der Dümmste dafür ausgibt. Wer sich also mit dem Kauf von Aktien beschäftigt, sollte der Sorge, nicht der Dümmste zu sein, daher ein erhebliches Augenmerk widmen. Wer als Inhaber einer Aktie keinen dümmeren Käufer findet, muss die Aktie mit Verlust verkaufen. Diese Überlegungen betreffen jedoch den **Preis** der Aktie, nicht ihren **Wert**. Zwischen beiden Begriffen besteht ein Unterschied, der häufig verschwimmt. Die Aussage: „Ich habe ein Bild/eine Aktie/eine Sammeltasse oder Ähnliches, das/die ist soundso viel wert" bedeutet: „Ich weiß, dass das Bild (oder ein ähnliches)/diese Aktie/diese Sammeltasse (oder eine ähnliche) zuletzt für genau soundso viel Geld verkauft wurde". Damit handelt es sich bei dieser Aussage aber um eine Preisangabe.

Worin besteht der Unterschied zwischen einem Preis und einer Wertangabe? Darüber wird seit langem gestritten. Adam Smith und Karl Marx vertraten die sogenannte **objektive Wertlehre**. Diese besagt im Groben und einfach ausgedrückt, dass Wert durch Arbeit entsteht. Diese Arbeit muss allerdings gesellschaftlich anerkannt sein. Wenn also jemand einen Adventsstern bastelt, den er selbst lieber in den Papierkorb knüllt, anstatt ihn zu verwenden, hat er zwar Arbeit aufgewendet, diese findet aber keine gesellschaftliche Anerkennung. Kann er sein Bastelergebnis dagegen auf dem Adventsmarkt der Kirchgemeinde oder des Kindergartens am Kuchenbasar verkaufen, so findet der Stern sehr wohl gesellschaftliche Anerkennung. Die gesellschaftliche Anerkennung wird einem Produkt also am Markt durch Käufer entgegengebracht.[1] Ohne einen Markt

---

[1] Eine sehr knappe Darstellung des Themas bietet Dirk Sauerland (https://wirtschaftslexikon.gabler.de/definition/arbeitswertlehre-28805/version-252429). Für weitere und dennoch mit überschaubarem Aufwand zu bewältigende Be-

ist es schwierig, die gesellschaftliche Anerkennung einer Leistung festzustellen. Wir wollen hier nicht diskutieren, ob die Anerkennung am Markt ausreichend ist und ob jede gesellschaftliche Anerkennung am Markt erfolgt. Uns reicht hier die Einsicht: Wenn für etwas bezahlt wird, ist es wertvoll. Allerdings wird ein Preis bezahlt, kein Wert. Der Preis kann unter oder über dem Wert des bezahlten Gutes, der bezahlten Leistung oder des bezahlten Rechts liegen.

An einem liquiden Markt mit hohem Wettbewerb, vielen Anbietern und Nachfragern ist es wahrscheinlich, wenn auch nicht sicher, dass der Preis zumindest im längerfristigen Durchschnitt dem Wert sehr nahekommt. Damit gewinnt der Wert eine transzendentale Dimension. Kein einzelnes Wirtschaftssubjekt scheint den Wert genau zu kennen, jeder kennt nur den Preis und seine Entwicklung. Dies veranlasste einige kluge Leute, sich von der objektiven Wertlehre abzuwenden und zu behaupten, der Wert einer Ware würde durch ihre Nützlichkeit bestimmt.[2] Für uns ist nicht entscheidend, welche Lehre nun die richtige ist. Wir ziehen jedoch den Schluss, dass der Wert einer Aktie entweder etwas ist, das wir sowieso nicht erfahren können, oder durch den Nutzen bestimmt wird, den diese Aktie bietet. Und der Nutzen einer Aktie besteht in der Möglichkeit, unser bescheidenes Vermögen zu mehren.

Der Wert einer Aktie bemisst sich also nach der Chance auf den zusätzlichen Ertrag, den wir dieser Aktie zumessen. Wenn wir selbst diejenigen sind, die den Wert der Aktie bestimmen, dann ist der Wert der Aktie unsere persönliche Meinung. Es ist also gut möglich, dass wir einer Aktie einen anderen Wert zumessen als andere Personen. Und damit

---

schäftigung mit dem Thema „objektive Wertlehre" wird der interessierte Leser weitere Quellen finden.

[2] Eine schnell erfassbare Darstellung der Grenznutzenschule bietet Arthur Woll (https://wirtschaftslexikon.gabler.de/definition/grenznutzenschule-36180/version-259643).

haben wir den vielleicht entscheidenden Grund gefunden, warum wir uns unbedingt selbst für unsere Aktienanlagen interessieren sollten: Wir wollen unser hart erarbeitetes Geld, das wir sicher als wertvoll betrachten, in die Aktien tauschen, die unserer Ansicht nach wertvoll sind. Und wie viel uns eine Aktie wert ist, das bestimmen wir.

2.2 Methoden der Wertbestimmung

Wie lässt sich nun der Wert einer Aktie bestimmen? Dafür gibt es sehr viele Ansätze und Angebote. Für uns ist wichtig, dass die Methode zuverlässig, leicht verständlich und leicht umzusetzen ist. Viele intellektuell möglicherweise sehr hochwertige Methoden sind leider oft nicht alltagstauglich.

Wir werden jedoch nicht umhinkommen, uns mit dem **Jahresabschluss** des uns interessierenden Unternehmens zu befassen. Es gibt viele Aktienanleger, die dies vermeiden. Und manche von ihnen machen das erfolgreich. Die anderen nicht. Und mein Verdacht ist: diese sind in der Mehrheit. Das ist für uns eine gute Nachricht. Denn grundsätzlich speist sich der Erfolg als Aktienanleger aus zwei Quellen. Die erste Quelle ist der Unternehmenserfolg, durch den das Eigenkapital der Aktie steigt. Die zweite Quelle ist die Entwicklung des Kalkulationszinsfußes, mit dem die Anleger den erwarteten Unternehmenserfolg bewerten. Damit befassen wir uns im Kap. 3 „Schritt 2: Chance".

Bleiben wir zunächst bei der ersten Quelle, beim Unternehmenserfolg. Dieses zusätzlich verdiente Eigenkapital kann das Unternehmen als Dividende ausschütten oder innerhalb des Unternehmens als Rücklage verwenden. Im ersten Fall freut sich unser Portemonnaie, im zweiten möglicherweise unser Depot. Diesen zweiten Fall schauen wir uns genauer an, weil er uns zu einer sehr einfachen Wertbestimmung der Aktien führt:

Wir stellen uns den einfachen Fall vor, das wir eine Aktie hätten, die einen Anteil am Grundkapital von € 100,00 verbrieft. Insgesamt seien 10 Aktien emittiert, das Grundkapital betrüge insgesamt also € 1000,00.[3] Unser Unternehmen hätte nun einen Jahresüberschuss von € 10,00, der nicht ausgeschüttet werden soll. Dies schlägt der Vorstand dem Aufsichtsrat vor, der Aufsichtsrat wiederum den Aktionären, die darüber auf der Hauptversammlung entscheiden.

Nennwert und Buchwert
Gesetzt den Fall, die Aktionäre stimmen diesem Vorschlag zu (und in der Praxis stimmen die Aktionäre in ihrer Mehrheit häufig den Vorschlägen des Aufsichtsrates zu), dann bestünde das Eigenkapital unseres Unternehmens aus dem Grundkapital von € 1000,00 zuzüglich dem einbehalten Gewinn von € 10,00 in Summe also € 1010,00. Dieses Eigenkapital gehört den Aktionären und niemand anderem. Und zwar dieses Eigenkapital insgesamt, nicht nur das Grundkapital. Das heißt, auf unsere Aktie, die einen Anteil von € 100,00 am Grundkapital verbrieft, entfällt ein Eigenkapital von € 101,00. Der Wert von € 100 findet sich mitunter noch im Begriff vom „**Nennwert**" wieder. Früher war in Deutschland der Nennwert eine Pflichtangabe für Aktien. Der Betrag von € 101,00 ist der **Buchwert** je Aktie. Er ergibt sich aus der Division des Eigenkapitals des Unternehmens durch die Anzahl der vom Unternehmen ausgegebenen Aktien. Dieser Buchwert je Aktie ist für uns ein wesentlicher Hinweis auf den Wert, den die Aktie tatsäch-

---

[3] Eine Aktiengesellschaft muss nach deutschem Recht übrigens über ein Grundkapital von mindesten € 50.000,00 betragen nach § 7 Aktiengesetz (Quelle: https://www.gesetze-im-internet.de/aktg/__7.html, Abruf am 23.09.2019).

lich für uns hat. Neben diesen Buchwert können wir versuchen, den Wert zu bestimmen, den die Aktie für uns hat. Hierbei lösen wir uns von der Vergangenheit, die im Jahresabschluss des Unternehmens beschrieben ist, und bilden uns eine Meinung über die künftige Entwicklung des Unternehmens. Denn es ist einleuchtend, dass wir den Buchwert einer Aktie nicht bezahlen wollen, wenn in naher Zukunft eine Insolvenz dieses Unternehmens zu erwarten wäre. Anderseits würden wir möglicherweise gern mehr als den Buchwert bezahlen, wenn wir sehr positive Erwartungen an das Unternehmen begründen könnten.

Um den Wert einer Aktie oder den Sinn eines Aktienkaufs zu bestimmen gibt es im Wesentlichen zwei Verfahren:

- Zum einen die **fundamentale Analyse**, die sich auf die Analyse des Jahresabschlusses und Annahmen zur künftigen Entwicklung des Unternehmens gründet.
- Das Gegenstück dazu ist die **Chartanalyse**, die aus der Kursentwicklung der Vergangenheit Kursziele für die Zukunft abzuleiten versucht.

2.3 Fundamentale Analyse

Zur Aktienanalyse gibt es eine Vielzahl von Literatur.[4] Jeder Autor stellt dabei seine eigene Methode vor. In diesem Buch finden Sie eine leicht beherrschbare und erprobte Methode der fundamentalen Analyse. Diese Methode besteht aus den Schritten

---

[4] Unbestrittenes Standardwerk der Aktienanalyse ist „Security Analysis" von Benjamin Graham und David Dodd aus dem Jahr 1934 (zu Deutsch „Die Geheimnisse der Wertpapieranalyse: Überlegenes Wissen für Ihre Anlageentscheidung").

1. **Analyse** des Jahresabschlusses → Ergebnis ist die Bewertung des Unternehmens zum Beispiel auf einer ordinalen Skala (Rating)
2. Bewertung der **Chance** mit den beiden Teilschritten
   1. **Einschätzungen zur künftigen Entwicklung des Unternehmens** → Ergebnis ist die Rendite, die mit einem Aktienkauf erzielt würde, und
   2. **Bewertung des Risikos der zukünftigen Entwicklung** → ergibt die Rendite, die von der Aktie zu fordern wäre.

Somit bietet diese Methode der Fundamentalanalyse zwei von drei nötigen Argumenten für einen Aktienkauf:

1. Die Aktiengesellschaft muss wirtschaftlich solide sein, und
2. Die erwartete Rendite muss das zuvor ermittelte bzw. erwartete Risiko übersteigen.

Das dritte notwendige Argument ist, dass der Chart eine steigende Kursentwicklung hinreichend wahrscheinlich erscheinen lassen muss. Damit beschäftigen wir uns im Kap. 4 „Schritt 3: Zeitpunkt".

2.4 Jahresabschlussanalyse

2.4.1 Woher bekommen wir die Informationen?

Beginnen wir mit der Jahresabschlussanalyse. Wenn wir diese gründlich durchführen wollen, lesen wir den **Geschäftsbericht** des betreffenden Unternehmens. Dort steht dann sehr viel drin, zum Beispiel, dass das letzte Jahr sehr erfolgreich war, dass weiter in die Zukunft investiert wurde und die Mitarbeiter das wichtigste Kapital des Unternehmens seien. Neuerdings sind die Unternehmen auch verpflichtet, einen CSR-Bericht (**C**orporate **S**ocial **R**esponsibility) zu erstellen. Also lesen wir im Geschäftsbericht, welche Bäume angepflanzt und für welche Schüler Unterrichtsmaterialien zur Verfügung gestellt wurden. So wichtig diese Informationen für einzelne Investoren sein mögen, so sicher dürfen wir uns als mögliche Anleger jedoch auch sein, dass der Geschäftsbericht ein Mittel des Marketings ist. Das Unternehmen weiß, dass interessierte Investoren oder die Vertreter der engagierten Banken diesen Bericht lesen. Also wird der Bericht so abgefasst, dass er möglichst vorteilhaft für das Unternehmen ausfällt. Alles andere wäre aus Sicht des Unternehmens fahrlässig. Wenn wir nach einem ermüdenden Arbeitstag abends drei oder vier Aktien darauf analysieren wollen, ob die wirtschaftlichen Verhältnisse eines Unternehmens unsere Überlegung rechtfertigen, eine Aktie oder eine Handvoll Aktien des Unternehmens kaufen zu wollen, dann sind wir mit dem Studium des gesamten Geschäftsberichtes möglicher Weise überfordert. Mir persönlich reicht es daher aus, mich auf die Bilanz, die Gewinn- und Verlust-Rechnung und das Cashflow-Statement des Unternehmens zu konzentrieren. Für einige Produktivitätskennzahlen benötige ich die Mitarbeiterzahl des Unternehmens. Dies steht alles im Geschäftsbericht.

Unser Ziel ist die Jahresabschlussanalyse. Die Jahresabschlussanalyse soll die Antwort auf die Frage geben, ob das Unternehmen wirtschaftlich solide dasteht, weiter nichts. Also müssen wir nicht den gesamten Geschäftsbericht lesen. Die Bestandteile Bilanz, die Gewinn- und Verlust-Rechnung und das Cashflow-Statement reichen aus. Dabei ist es von Vorteil, mehrjährige Darstellungen der wirtschaftlichen Verhältnisse zur Verfügung zu haben. Diese würden dem feierabendmüden Investor helfen.

2 Schritt 1 „Bonitätsanalyse": Fundamentale ... 19

Börsenportale lösen dieses Problem. Welches Sie nutzen, hängt von Ihrem Geschmack ab. Dabei ist wichtig, das Ziel der Jahresabschlussanalyse im Auge zu behalten. Es gibt eine Reihe von Börsenportalen, die ausreichend detailliert über die Jahresabschlüsse der börsennotierten Unternehmen berichten und uns auf diese Weise sehr viel Arbeit abnehmen. Persönlich verwende ich Onvista und das Börsenportal der Volks- und Raiffeisenbanken. In dem Börsenportal der Volks- und Raiffeisenbanken sind die m. E. wichtigsten Daten zur Bilanz, der Gewinn- und Verlustrechnung und zum Cashflow-Statement von vielen börsennotierten Unternehmen enthalten. Bei Onvista sind häufig weiter in die Zukunft reichende Analystenschätzungen zu finden. Beide Portale nenne ich hier nur als eigenes persönliches Beispiel, natürlich gibt es viele weitere ebenfalls solide Informationsquellen.

An dieser Stelle sei kurz der Begriff „Bilanz" erläutert. Zum Jahresende hören wir häufig Fernsehmoderatoren oder Nachrichtensprecher von „Bilanz ziehen" reden. Nach diesem „Bilanz ziehen" folgen dann Erinnerungen an das abgelaufene Jahr: wer ist gestorben, welche Katastrophe gab es, wer tat Heldenhaftes und bekommt jetzt völlig zu Recht eine Ehrung und ähnliches. Dies alles hat mit einer Unternehmensbilanz nicht viel zu tun. Eine Bilanz ist eine **Gegenüberstellung von Aufkommen und Verwendung**. Im Unternehmen ist ein Aufkommen Geld. Und dieses Geld kann verwendet werden. Das Geld kommt entweder von den Unternehmenseignern (Eigenkapital) oder von anderen Geldgebern (Fremdkapital). Es wird für Investitionen verwendet (diese bilden dann das Anlagevermögen) oder für Vorräte und Materialien. Weil das Unternehmen etwas bekommt, ohne dass es selbst produziert, nennt man die Bilanzseite, in der das erhaltene Geld und seine Herkunft (Eigentümer, Bank, Lieferanten und so weiter) Passivseite. Es ist die rechte Seite der Bilanz, die Aufkommensseite. Auf der linken Seite steht das, was das Unternehmen mit den erhaltenen Mitteln getan hat. Es war aktiv und die Ergebnisse dieses Aktivseins stehen daher auf der Aktivseite, der linken Seite der Bilanz.

2.4.2 Zweck der Jahresabschlussanalyse

Zur Erinnerung: Die Jahresabschlussanalyse soll die Antwort auf die Frage geben, ob das Unternehmen wirtschaftlich solide dasteht, weiter nichts. Wirtschaftlich solide ist ein Unternehmen dann, wenn es Gewinn erwirtschaftet, dieser Gewinn auch zu Zahlungsmittelzuflüssen führt und das Eigenkapital in der Bilanz wächst. Nun ist die berechtigte Frage, welcher Gewinn denn nicht zu Zahlungsmittelzuflüssen führt. Es gibt eine ganze Reihe von Unternehmen, die **Bewertungsgewinne** als Gewinn ausweisen. Das ist bei bestimmten Geschäftsmodellen auch sinnvoll.

Stellen wir uns vor, wir hätten die gute Idee, wüstes Land zu bewalden. Wir würden also im ersten Jahr die Setzlinge pflanzen. Aufgrund unserer guten Pflege gedeihen die Setzlinge prächtig und werden zu Bäumen. Einen Ertrag als Zahlungsmittelzufluss bringen diese Bäume jedoch erst, wenn sie gefällt werden können, also vielleicht sogar erst nach unserem eigenen Ableben. Soll unser Unternehmen daher die ganze Zeit Verluste ausweisen? Für diese Fälle besteht die Möglichkeit, unter Umständen und innerhalb gesetzlicher Regeln die Bewertungsgewinne zu bilanzieren, die sich aus dem Wachstum unseres Forstes ergeben. Das ist nicht falsch. Für den Anleger bedeutet das jedoch, dass er sich von dem in dieser Weise bilanzierten Gewinn nicht über die Lage des Unternehmens hinwegtäuschen lassen darf. Gelingt es einem solchen Unternehmen nicht, entweder aus anderen operativen Aktivitäten oder aus der Kreditaufnahme oder der beständigen Ausgabe neuer Aktien genügend Geld (Zahlungsmittelzuflüsse) aufzutreiben, um den Forst zu bewirtschaften, droht ihm die Insolvenz wegen Zahlungsunfähigkeit. Es gehört Erfahrung dazu, versteckte Risiken aus den Jahresabschlüssen herauszulesen. Und selbst diese Erfahrung führt nicht dazu, immer alle Risiken zu erkennen.

2.4.3 Kennziffernwahl

Um wirtschaftliche Risiken besser zu erkennen, werden Kennzahlen gebildet. In der Literatur zur Jahresabschlussanalyse finden sich sehr viele Kennzahlen, und keine scheint verzichtbar zu sein. Im Gegensatz dazu verwendet Peter Kralicek in seinem Quicktest nur vier.[5] Diese vier Kennzahlen sind:

- Die Eigenkapitalquote
- die Gesamtkapitalrentabilität
- die Schuldentilgungsdauer und
- die Cashflow-Rate.

Für jede Kennzahl gibt es eine einfache vierstellige Skala. Aus den vier Einzelwerten wird dann der Durchschnitt gebildet und schon ist der Jahresabschluss eines Unternehmens ausgewertet.

Sämtliche Unternehmen verschiedener Geschäftsmodelle, Größen und Branchen allein mit diesen vier Kennzahlen zutreffend bewerten zu können, wirkt nicht plausibel. Nach unserer Erziehung und Erfahrung scheint es, als

---

[5] Für weitere Informationen hierzu der Link https://www.kralicek.at/index.php?gr=-302. Auf der Website kann auch eine Beispielauswertung auf Basis des Quicktests abgerufen werden. Diese Website ist kommerziell. Der Link dient rein informativen Zwecken und ist nicht als Empfehlung zur Nutzung der auf der Website angebotenen Leistungen zu verstehen. Siehe auch Kralicek, Peter, Bilanzen lesen.

würden alle Unternehmen „über einen Kamm geschoren", wie der Volksmund in solchen Fällen beisteuert. Bei einer solchen scheinbaren Verallgemeinerung scheint Widerspruch geboten und erfolgversprechend. Also ließ ich in Vorlesungen, die ich halten durfte, Studenten Jahresabschlüsse beliebiger Unternehmen anhand dieses Quicktests auswerten. Zu meinem Erstaunen waren die Ergebnisse durchweg plausibel. Nun habe ich darüber kein Protokoll geführt, auch habe ich mit diesen Übungen keine statistisch große Zahl erzielt. Aber unbestreitbar bleibt die positive Erfahrung in der Anwendung dieses Quicktests. Und damit ist aufgezeigt, dass nicht das Studium eines ganzen Geschäftsberichts erforderlich sein muss, sondern dass einige wenige Kennziffern erkennen lassen, ob ein Unternehmen entweder

- gesund ist oder
- noch gesund ist, aber in einer strategischen Schwäche steckt oder
- bereits mit ernsten Schwierigkeiten zu kämpfen hat.

Dabei muss jedoch jedem, der Jahresabschlüsse liest und auswertet, klar sein, dass niemals alle Risiken erkannt werden können, so ausgefeilt das Analysesystem auch sei. Für eine günstige Aktienauswahl reicht es aber, mehr Risiken zu erkennen, als die meisten anderen Anleger wahrnehmen. Denn sehen wir ein Risiko, dass andere nicht sehen, werden wir uns mit dem Kauf zurückhalten oder gar verkaufen und sind in beiden Fällen nicht der oder die Dümmste. Und das ist unser erstes Ziel bei der Anlage in Aktien. Wir wollen nicht die dümmsten Käufer sein.

Persönlich verwende ich eine sechsstellige Skala. Um zu einer Meinung bzw. zur Bewertung des Jahresabschlusses zu kommen, verwende ich folgende Kennziffern:

- Anlagedeckung II
- Gesamtkapitalrentabilität
- Eigenkapitalquote
- Operative Marge
- Dynamischer Verschuldungsgrad
- Umsatz je Mitarbeiter
- EBITDA je Mitarbeiter
- Working Capital.

In den folgenden Abschnitten werden diese sechs Kennziffern näher erläutert. Dazu werde ich darlegen, weshalb ich diese Kennziffern nutze und was ich mir von der jeweiligen Kennziffer für eine Auskunft erhoffe.

2.4.3.1 Anlagedeckung II

Die Bezeichnung dieser Kennziffer wirft die Frage nach der Anlagedeckung I auf. Die Kennziffer Anlagedeckung I gibt an, wie hoch die Deckung des Anlagevermögens durch Eigenkapital ist, also mit wie viel Eigenkapital das Anlagevermögen „bezahlt" wurde. Der verbleibende Rest ist dann mit Fremdkapital, also durch Schulden bezahlt. Nun ist die Frage, wie diese Kennzahl gewertet werden kann: Wenn ein Unternehmer einen neuen Firmensitz baut, wird er zur Bank gehen, um sich einen Kredit zu holen. Und wenn der Unternehmer ausreichende Bonität besitzt, wird er den Kredit bekommen. Dieser Unternehmer hätte also eine nicht so hohe Anlagedeckung I. Und was sagt uns das zur Insolvenzprognose, die wir stellen wollen? Mir offen gestanden nichts. Wenn dieser Unternehmer weiter erfolgreich ist, wird ihm sein neuer Kredit nicht schaden. Ganz im Gegenteil zieht er Nutzen aus dem neuen Kredit, weil er mit dem neuen Firmensitz wahrscheinlich eine höhere

Produktivität erzielen kann. Daher verwende ich persönlich die Anlagedeckung I nicht.

Demgegenüber sagt uns die Anlagedeckung II, wie viel vom Anlagevermögen des Unternehmers durch langfristig zur Verfügung stehendes Kapital gedeckt ist. Zum Eigenkapital, das nie zurückgezahlt werden muss, wird also noch das langfristige Fremdkapital gezählt. Die Formel lautet:

$$AD\ II = \frac{Eigenkapital + langfristiges\ Fremdkapital}{Anlagevermögen}$$

In Worten ist die Anlagedeckung II das Verhältnis aus langfristig zur Verfügung stehendem Kapital zu langfristigem Vermögen, also Anlagevermögen. Wenn dieses Verhältnis größer als 1 ist, spricht dies für eine solide Finanzierung.[6] Hintergrund ist folgender:

Stellen wir uns vor, ein Unternehmer vereinnahmt eine Zahlung inklusive Umsatzsteuer. Dann muss er diese Umsatzsteuer im nächsten oder übernächsten Monat abführen, denn er hat sie ja für den Staat eingenommen. Er hat also kurzfristige Schulden. Dieser Umsatzsteuerbetrag liegt jetzt auf dem Konto und harrt des Einzugs durch das Finanzamt. Der Unternehmer verfügt über kurzfristiges Vermögen (Bankguthaben), dem kurzfristige Schulden (Steuerverbindlichkeiten) gegenüberstehen. Wenn jetzt der Unternehmer diesen Betrag verwendet, um neue Büromöbel zu kaufen, dann schafft er langfristiges Vermögen, das mit kurzfristigen Schulden (Steuerverbindlichkeiten) finanziert ist. Wenn es ihm nicht gelingt, langfristiges Kapital (einen Bankkredit oder eine Kapitalbeteiligung) zu gewinnen, gerät er in ernste Liquiditätsschwierigkeiten, denn das Finanz-

---

[6] In vielen Lehrbüchern und auch auf Börsenportalen wird diese Kennziffer in Prozent angegeben.

amt will das Geld, das dem Staat zusteht, unbedingt haben. Im Extremfall gerät dieser Unternehmer in die Insolvenz. So etwas passiert gar nicht so selten, wie ich aus der Erfahrung als Firmenkundenbetreuer einer Bank weiß. Für uns als Investoren oder Anleger ist es also interessant, ob das Vermögen, das dem Unternehmen langfristig dient, tatsächlich durch Mittel beglichen wurde, die dem Unternehmer langfristig zur Verfügung stehen. Dies entspricht einer Anlagendeckung II in Höhe von 1. Liegt die Anlagedeckung II über 1, so verfügt das Unternehmen über langfristiges Kapital, das es zur Finanzierung kurzfristig zur Verfügung stehender Güter wie Material oder Vorräte einsetzt. Es hat eine Liquiditätsreserve. Mit der Frage, ob die Anlagedeckung II größer ist als 1, prüfen wir also, ob das Unternehmen über eine Liquiditätsreserve verfügt oder ob ein Liquiditätsengpass entweder schon vorhanden ist oder drohen könnte. Wir können mit dieser Kennzahl nicht prüfen, wie groß die Liquiditätsreserve ist. Daher ist es auch nicht so, dass ein Maximum der Anlagedeckung II anzustreben wäre. Eine Anlagedeckung II von 6 führt mich persönlich nicht zu einer besseren Unternehmenseinschätzung als eine Anlagedeckung II von 1,5. Nach meiner Erfahrung ist 1,5 aber besser als 1,2, und 1,2 besser als 1.

Liegt die Anlagedeckung II etwas unter 1, also vielleicht bei 0,95, so verliert die daraus ableitbare Drohung eines Liquiditätsengpasses dann ihren Schrecken, wenn das Unternehmen eine sehr hohe Ertragskraft hat. Ansonsten zieht eine Anlagedeckung II kleiner als 1 zumindest ein ernstes Stirnrunzeln in der Bewertung des Jahresabschlusses nach sich.

2.4.3.2 Gesamtkapitalrendite

Die Gesamtkapitalrendite oder Gesamtkapitalrentabilität ist eine aus meiner Sicht sehr gute Kennziffer, um zu erkennen, ob ein Unternehmen strategische Schwierigkeiten hat oder nicht. Die Formel ist:

$$Gesamtkapitalrendite = \frac{Jahresüberschuss + Zinsaufwand}{Bilanzsumme}$$

Um diese Kennziffer zu verstehen, schauen wir uns die beiden Terme des Bruchs genauer an, Zähler und Nenner. Im Zähler steht als erstes der Jahresüberschuss. Der Jahresüberschuss gibt an, was das Unternehmen im letzten Jahr erwirtschaftet hat. Und das steht dem Eigentümer des Unternehmens oder den Eigentümern (also den Aktionären) zu. Es ist der Lohn, den der Eigentümer für die Bereitstellung von Eigenkapital erhält. Der Zinsaufwand ist der Aufwand, den das Unternehmen für die Gewährung von Fremdkapital zahlen muss. Der Zinsaufwand ist also der Lohn, den die Fremdkapitalgeber für die Bereitstellung von Fremdkapital, also für Kreditgewährung oder Kauf der Anleihen des Unternehmens erhalten. Der Zähler des Bruches beschreibt also den Lohn, den alle Kapitalgeber des Unternehmens insgesamt erhalten. Der Rest der Kennziffer ist einfach. Denn im Nenner steht mit der Bilanzsumme die Summe des von den Kapitalgebern zur Verfügung gestellten Kapitals, also Eigenkapital plus Fremdkapital. Die Regel ist, dass das Unternehmen strategisch gesund erscheint, wenn die Gesamtkapitalrendite über dem Fremdkapitalzins liegt, also dem Zins, zu dem das Unternehmen Kredite aufnimmt oder Anleihen begibt. Im Umkehrschluss bedeutet dies, dass ein Unternehmen, dessen Gesamtkapitalrendite unter dem Fremdkapitalzins liegt, strategisch angeschlagen ist. Es ist nicht auszuschließen, dass es in ernste Schwierigkeiten gerät. Bitte entschuldigen Sie, dass ich eher vorsichtig formuliere. Dies hat unter anderem damit zu tun, dass wir die Jahresabschlussanalyse erstellen, um eine Prognose abzugeben. Diese richtet sich an die Zukunft. Die Zukunft zeichnet sich jedoch durch eine wunderbare Eigenschaft aus, nämlich, dass wir sie nicht kennen. Meine Erfahrung ist jedoch, dass Unternehmen mit einer derart niedrigen Gesamtkapitalrendite in strategischen Schwierigkeiten stecken. Nicht selten werden diese von dem Unternehmen und auch von Analysten überhaupt nicht kommuniziert und möglicherweise auch nicht erkannt. Jedoch ist es in diesem Fall so, dass das Unternehmen einen stets größeren Anteil des Kuchens für die Kapitalgeber an die Fremdkapitalgeber zahlen muss. Und hierfür wird es irgendwann einen Teil seiner Liquiditätsreserve verwenden müssen. Und ist diese aufgebraucht, befindet sich das Unternehmen in einer ernsten Situation. Daher meide ich Unternehmen mit einer niedrigen Gesamtkapitalrendite. Eine in jedem Fall fachgerechte Anwendung dieser Kennziffer ist ansonsten nur mit einem Aufwand möglich, den wir scheuen. Denn die Kreditverträge des Unternehmens kennen wir nicht und die Anleihebedingungen sind von Anleihe zu Anleihe verschieden. Zudem verändert sich das Zinsniveau und ist in verschiedenen Währungsräumen unterschiedlich. In vielen Währungsräumen, in denen für uns in Deutschland gut handelbare Aktien notiert sind, spricht eine Gesamtkapitalrendite von größer als 10 % für ein solides Unternehmen. Im gegenwärtigen Zinsniveau gilt dies zum Beispiel für Unternehmen aus der EU, der Schweiz, Norwegen, Japan, die USA und Kanada. In der Schweiz ist eine Gesamtkapitalrendite von 5 % sicher zurzeit noch ausreichend, wogegen ich in den USA solche Unternehmen schon meiden würde.[7] Das Zinsniveau ist dort höher. Und in einem Währungsraum mit Zinssätzen über 10 % reichen solche Werte nicht aus.

---

[7] Inzwischen ist das Zinsniveau auch in den USA gesunken. Ob damit die Unternehmensrisiken gesunken sind, muss jeder selbst beurteilen.

Die strategische Schwäche, die ein Unternehmen mit einer Gesamtkapitalrendite, die kleiner ist als der Fremdkapitalzins, aufweist, zeigt sich in einem strategisch relevanten Zeitraum. Ist die Gesamtkapitalrendite nur ein Warnsignal neben wenigen anderen, dann tritt eine akute Krisensituation in dem Unternehmen häufig erst nach drei Jahren auf. Eine niedrige Gesamtkapitalrendite ist also ein Frühindikator. Und aus meiner Erfahrung einer, den zu ignorieren teuer bezahlt werden muss. Egal, wie wir das notwendige Mindestmaß der Gesamtkapitalrendite beschreiben: Wird es unterschritten, sortieren wir die Aktie aus. Den Schrecken für die strategische Situation des Unternehmens verliert die Kennziffer bei einer sehr hohen Eigenkapitalquote. Sehr hoch bedeutet nach meiner Meinung und Erfahrung 70 %.

2.4.3.3 Eigenkapitalquote

Die Eigenkapitalquote ist der Anteil des Eigenkapitals an der Bilanzsumme. Das Eigenkapital gliedert sich im Wesentlichen in zwei Bestandteile: den ersten haben die Eigentümer oder Anteilseigner bei der Gründung des Unternehmens bezahlt. Es ist das **Grundkapital**, ggf. zuzüglich einer Kapitalrücklage. Der zweite Teil ist die **Summe aus einbehaltenen Gewinnen**. Häufig stehen in den Bilanzen der Unternehmen noch weitere Bestandteile. Diese zu verstehen, ist Sache von Spezialisten. Uns interessiert nur die Summe und wie sie sich verändert. Ein steigendes Eigenkapital ist positiv, ein fallendes kritisch zu hinterfragen. Die reine Höhe des Eigenkapitals hat häufig nur einen kleinen Einfluss auf die Erfolgsaussichten eines Unternehmens. Natürlich hat ein Unternehmen mit einer hohen Eigenkapitalquote einen niedrigeren Zinsaufwand als ein Unternehmen mit einer niedrigen Eigenkapitalquote. In vielen Fällen ist der Zinsaufwand gegenüber den anderen Aufwandspositionen wie Material- oder Personalaufwand nicht sehr hoch. Die Höhe des Eigenkapitals spielt bei Unternehmenskrisen eine wichtige Rolle: Das Eigenkapital wirkt wie ein Puffer. Eigenkapital kauft dem Unternehmen Zeit, um auf veränderliche Bedingungen (das sind Krisen) zu reagieren. Unternehmen mit einem solide und langweilig wirkenden Geschäftsmodell haben daher häufig niedrigere Eigenkapitalquoten als Unternehmen, die sehr riskante Geschäftsmodelle wie zum Beispiel technische Innovationen oder Rohstofferkundung haben.

2.4.3.4 Operative Marge

Die operative Marge ist das Verhältnis aus operativem Ergebnis und Umsatz beziehungsweise Gesamtleistung. Dabei muss definiert werden, welches Ergebnis denn operativ ist. Hier sind nach meinem Einblick die Fachautoren uneinig. Es ist also günstig, sich einer Definition anzuschließen. Diese sollte einerseits inhaltlich einigermaßen zutreffend und anderseits leicht oder sehr leicht anwendbar sein. Also verwenden wir als operatives Ergebnis das **Ergebnis vor Zinsen und Steuern (EBIT)**. Dies wird von vielen börsennotierten Unternehmen angegeben und auch von vielen Börsenportalen verwendet. Und hier gilt nach Susan Levermann,[8] dass eine operative Marge von 12 % gut ist. Nach meiner Erfahrung ist eine von 8 % meist noch auskömmlich. Bei niedrigeren Werten müssen die anderen Argumente für das Unternehmen schon überzeugend sein. Eine Insolvenzprognose würde ich aus einer operativen Marge nicht ableiten. Dafür ist die Kennziffer „operatives Ergebnis" meines Erachtens nicht geeignet. Mitunter wird auch

---

[8] Siehe Susan Levermann, Der entspannte Weg zum Reichtum, 4. Auflage 2013, München, für ihr Bewertungssystem S. 154.

das **Ergebnis vor Zinsen, Steuern und Abschreibungen (EBITDA)** als operatives Ergebnis verwendet. Wir verwenden das EBITDA je Mitarbeiter als Indikator für operative Excellenz (siehe Abschn. 2.4.3.7).

2.4.3.5 Dynamischer Verschuldungsgrad

Der dynamische Verschuldungsgrad ist eine Kennziffer, die ich recht geschwätzig finde. Mit dieser Kennziffer und anderen, wie der Gesamtkapitalrendite und der Eigenkapitalquote, ergibt sich ein schnelles Bild von der finanziellen Gesundheit eines Unternehmens. Die Formel für den dynamischen Verschuldungsgrad ist:

$$Dynamischer\ Verschuldungsgrad = \frac{Cashflow}{Fremdkapital}$$

Der dynamische Verschuldungsgrad wird häufig in Prozent angegeben. Das sollte nicht irritieren. Die Aussage des dynamischen Verschuldungsgrades erschließt sich, wenn der Bruch der Formel einfach buchstabiert wird. Er bedeutet in Prosa das **Verhältnis aus zufließenden Mitteln** (also verdientem Geld, also Cashflow) **zu Schulden**. Mit Schulden sind dabei nicht nur die Bankkredite gemeint, sondern alle Schulden, auch die bei Lieferanten, Anleihegläubigern, Arbeitnehmern, Finanzamt und so weiter.

Auch **Rückstellungen** sind Schulden, denn sie wurden gebildet, weil es eine Verpflichtung gibt, die jedoch noch nicht vollständig bekannt ist. Wenn also die Höhe des Fremdkapitals ermittelt werden soll, ziehen wir einfach von der Bilanzsumme das Eigenkapital ab. Nun bleibt noch die Frage, warum es einen Unterschied zwischen Cashflow (verdientem Geld) und Gewinn gibt. Der Gewinn oder der

Jahresüberschuss ist die Größe, die übrig bleibt, nachdem das Unternehmen alle Verpflichtungen erfüllt hat. Über die Verwendung des Jahresüberschusses entscheiden die Aktionäre. Er kann ausgeschüttet oder angespart werden. Die Verpflichtungen des Unternehmens sind jedoch sehr unterschiedlich. Die meisten sind sofort zahlungswirksam, führen also zu Auszahlungen. Hierzu zählen Materialkäufe, Löhne oder Gehälter, Mieten oder Zinszahlungen. Andere führen erst später und in nicht genau bestimmbarer Höhe zu Auszahlungen, wie zum Beispiel Rückstellungen für Garantieleistungen. Wenn das Unternehmen Rückstellungen bildet, sorgt es für mögliche Zahlungsfälle vor. Die Summe, die dafür aufgewandt wird, gehört zum verdienten Geld, zum Cashflow dazu.

Ein weiterer großer Posten des Cashflows, der nicht zum Jahresüberschuss gehört, sind die **Abschreibungen auf Sachanlagen**. Der Kauf einer Maschine ist kein Aufwand, den wir in der Gewinn- und Verlustrechnung sehen, sondern ein Tausch von Geldmitteln in Sachmittel. Wir sehen diesen Tausch in anderen Teilen des Jahresabschlusses. Im Gegenzug muss das Unternehmen aber dafür sorgen, dass es nach Abnutzung der Maschine wieder genügend Mittel zur Verfügung hat, um diese Maschine zu ersetzen. Dieses „Ansparen" auf den Ersatz der Maschine wird über die Abschreibungen erfasst. Sparen kann nur, wer Geld verdient. Also gehören die Abschreibungen zum verdienten Geld, zum Cashflow, so wie die Rückstellungsbildungen.

Nun stellt sich die Frage, warum diese Posten nicht einfach zum Jahresüberschuss dazugerechnet werden und die Aktionäre über die Abschreibungen und die Höhe der Rückstellungen entscheiden. Die Antwort ist, dass in einem solchen Falle dieser Jahresüberschuss nicht nur Grundlage für die Gewinnausschüttung wäre, sondern auch für die Besteuerung. Damit würde die Substanz des Unternehmens besteuert, da mit einem Jahresüberschuss, in dem Rückstellungsbildungen und Abschreibungen enthalten wären, der Fortbestand des Unternehmens nicht gesichert wäre. Somit wird hier der Cashflow (in seiner hier verwendeten Variante) folgendermaßen definiert:[9]

Cashflow = Jahresüberschuss + Abschreibungen auf Sachanlagen + Bildung von Rückstellungen – Auflösung von Rückstellungen

Dieser Cashflow wird auch **operativer Cashflow** genannt. Es gibt viele weitere Definitionen zum Cashflow, deren Unterschiede sich für uns aber nicht auswirken, wenn wir den dynamischen Verschuldungsgrad ermitteln wollen. Wir führen uns diesen dynamischen Verschuldungsgrad noch einmal vor Augen. Er ist das Verhältnis von verdientem Geld zu Schulden. Er gibt also an, wie gut die Schulden unseres Unternehmens durch verdientes Geld, also den Cashflow, gedeckt sind.

Wenn wir den dynamischen Verschuldungsgrad nicht in Prozent angeben, gibt er die Schuldentilgungsdauer an, also die Zeit in Jahren, in denen unser Unternehmen in der Lage wäre, alle seine Schulden zu tilgen. Dies zeigen folgende Beispiele:

Ein Unternehmen mit einem dynamischen Verschuldungsgrad von 250 % würde 2,5 Jahre benötigen, um aus der eigenen Ertragskraft alle seine Schulden zu begleichen. Ob es dies nun tut oder nicht, ist nicht von Belang. Aber die Möglichkeit wäre da. Ein Unternehmen, das einen dynamischen Verschuldungsgrad von 750 % hat, würde 7,5 Jahre brauchen.

---

[9] Diese Definition hat ein Vorbild. Dieses Vorbild ist die Definition der Deutsche Vereinigung für Finanzanalyse und Asset Management/Schmalenbach-Gesellschaft (DVFA/SG), siehe http://www.wirtschaftslexikon24.com/e/cash-flow-nach-dvfa-sg/cash-flow-nach-dvfa-sg.htm.

Und das muss nicht dramatisch sein. Ist das zweite Unternehmen ein Wohnungsunternehmen oder ein Energieversorger, besitzt es ein relativ hohes Anlagevermögen mit sehr langen Nutzungsdauern, das also langsam abgeschrieben wird. In einem solchen Fall wäre wohl auch ein dynamischer Verschuldungsgrad von 1100 % kein Zeichen von niedriger Ertragskraft. Doch ein Personaldienstleister oder IT-Entwickler hätte bei einem dynamischen Verschuldungsgrad von 1100 % wohl eher Probleme. Sein Anlagevermögen ist schneller abgenutzt und verschlissen, als die Schulden bezahlt sind. Das wäre ein klares Warnsignal und ein Grund, sich einer anderen Aktie zuzuwenden.

Anders als bei der Gesamtkapitalrendite lässt sich hier also kaum eine einfache Regel formulieren, dass ein dynamischer Verschuldungsgrad von soundso viel gut ist und ein anderer schlecht. Stattdessen gilt: Der dynamische Verschuldungsgrad eines Unternehmens sollte zulassen, dass die Schulden des Unternehmens getilgt sind, bevor das Anlagevermögen abgenutzt ist.

2.4.3.6 Umsatz je Mitarbeiter

Bei dieser Kennziffer ist die Entwicklung über die Jahre interessant. Gibt es hier Sprünge oder Brüche, hat das Unternehmen möglicherweise sein Geschäftsmodell geändert. Meist ist es lohnend, sich näher mit solchen Änderungen zu befassen. Wenn hierzu die Zeit fehlt, wendet man sich besser einer anderen Aktie zu.

2.4.3.7 Operatives Ergebnis je Mitarbeiter

Um diese Kennziffer gut nutzen zu können, betrachten wir ihre Entwicklung im Zeitablauf. Damit gewinnen wir einen Einblick in die Entwicklung der operativen Profitabilität des

Unternehmens. Die Kennziffer „operatives Ergebnis je Mitarbeiter" ist sehr geschwätzig und verrät viel über die operative Exzellenz im Unternehmen oder die Sehnsucht nach ihr. Steigt das operative Ergebnis je Mitarbeiter an, wird das Unternehmen produktiver. Dies ist eine zu erwartende Entwicklung, vor allem, wenn dieser Anstieg des operativen Ergebnisses je Mitarbeiter das Umsatzwachstum übertrifft. Normalerweise sinkt der mit einem Prozess verbundene Aufwand mit zunehmender Prozesswiederholung. Dieser Effekt wird Lernkurveneffekt genannt. Die Lernkurve beschreibt die zur Erbringung einer Leistung oder Herstellung eines Produktes benötigten Ressourcen (z. B. Arbeitszeit). Und diese Lernkurve ähnelt einer degressiv fallenden Kurve. Das bedeutet, dass man von der ersten zur zweiten erstellten Einheit den größten Rückgang der eingesetzten Ressourcen (z. B. Zeit) verzeichnen kann, wogegen dieser Rückgang zwischen der neunhundertneunundneunzigsten und der tausendsten Leistungserstellung wesentlich geringer ist. Diesen Lernkurveneffekt kennen wir alle aus unserem Alltag. Was wir zum ersten Mal tun, dauert üblicher Weise länger als beim zweiten Mal. Diesen Effekt gibt es in Unternehmen auch. Normalerweise sollte also das EBITDA (Abschn. 2.4.3.4) je Mitarbeiter über die Jahre steigen. Tut es das nicht, ist es interessant, sich mit möglichen Gründen zu befassen. Möglicherweise ist dann das Produktportfolio verändert worden. Oder das Unternehmen hat eine andere Struktur erhalten. Oder das Unternehmen hat das Personal ausgeweitet. Eine solche Entwicklung führt nicht selten zu Produktivitätsverlusten.

2.4.3.8 Working Capital

Das Working Capital ist das **langfristig finanzierte Umlaufvermögen**. Das Umlaufvermögen ist der zweite große Posten auf der Aktivseite der Bilanz.

2 Schritt 1 „Bonitätsanalyse": Fundamentale ...

Wenn ein Unternehmen Produkte herstellt und diese verkauft, erfolgt die Lieferung oft auf Rechnung. Statt des Vorrates an Fertigerzeugnissen hat das Unternehmen nun eine Forderung an seinen Kunden. Diese Forderung zählt genauso zum Unternehmensvermögen wie die Anlagegüter oder das Material. Und diese Forderung gehört zum Umlaufvermögen, wie der Vorrat. Wird diese Forderung vom Kunden bezahlt, erhält das Unternehmen Bankguthaben. Von diesen Bankguthaben kann es nun neues Material für neue Produkte kaufen. Diese Positionen (Vorräte, Forderungen und Bankguthaben) laufen also im betrieblichen Produktionsprozess um, werden daher **Umlaufvermögen** genannt. Es ist (hoffentlich) kurzfristig. Vorräte sind hoffentlich keine Ladenhüter und Forderungen werden hoffentlich fristgerecht beglichen. Anderenfalls müsste das Unternehmen Wertkorrekturen an diesen Positionen vornehmen. Dieses kurzfristige Vermögen kann grundsätzlich kurzfristig finanziert werden. Dann gibt es kein langfristig finanziertes Umlaufvermögen, das Working Capital ist null.[10] Ein Unternehmen ist in einer günstigeren Liquiditätsposition, wenn ein Teil des Umlaufvermögens langfristig finanziert ist. In einem solchen Fall gerät das Unternehmen bei einer Verlangsamung des betrieblichen Umschlagsprozesses von Geld in Vorräte in Forderungen in Geld nicht sofort in Stress. Wenn sich also aufgrund von Projektschwierigkeiten die Lagerdauer von Vorräten verlängert, kann möglicherweise dennoch der Lieferant pünktlich bezahlt werden.

Das Working Capital wird ermittelt, indem vom Umlaufvermögen die kurzfristigen Verbindlichkeiten abgezogen werden. Grundsätzlich kurzfristig sind Schulden, die eine Laufzeit von weniger als einem Jahr haben. In vielen Börsenportalen werden die Schulden in kurzfristige und

---

[10] In diesem Fall beträgt die Anlagedeckung II genau 100 %.

langfristige Verbindlichkeiten gegliedert. Ansonsten sind diese Angaben im Anhang des Jahresabschlusses enthalten.

Für das Working Capital kann ich kein Optimum bestimmen. Ein theoretisches Maximum wäre die Höhe des Umlaufvermögens. Das ist wirtschaftlich nicht begründbar. Es ist für gesunde Unternehmen nicht nötig, auf kurzfristige Verbindlichkeiten zu verzichten. Und für ungesunde ist es nicht möglich. Es ist aber klar, dass ein positives Working Capital ein Anzeichen (kein Beweis) einer stabilen Liquiditätsposition ist. Ein wachsendes Working Capital signalisiert demnach wachsende Liquidität. Also nehmen wir ein positives und wachsendes Working Capital zur Kenntnis und hinterfragen ein schrumpfendes. Ein negatives Working Capital überrascht uns nicht, wenn wir die anderen hier besprochenen Kennziffern bereits ermittelt haben. Wir wissen, wenn wir bei einem Unternehmen eine Anlagedeckung II in einer Höhe feststellen, die kleiner 1 oder 100 % ist, dass das Working Capital negativ sein muss. Und so bewerten wir ein negatives Working Capital genauso, wie wir eine Anlagedeckung II, die kleiner als 1 oder 100 % ist, bewerten würden.

Es gilt also, dass Unternehmen mit wachsendem Working Capital eher wachsende Möglichkeiten haben, sich Liquidität zu beschaffen. In Idealfall ist sie in Form von gestiegenen Bankguthaben bereits vorhanden. Unternehmen mit schrumpfendem Working Capital haben also tendenziell kleinere Liquiditätsspielräume. Daher lohnen sich bei einem schrumpfenden Working Capital weitere Fragen nach der Unternehmensgesundheit.[11]

---

[11] Ein Beraterkollege, den ich durch eine gemeinsame Tätigkeit als Dozent an einer Studienakademie kenne, vertritt die Meinung, dass das Working Capital zu minimieren sei. Da wir das Glück haben, in den gleichen Kursen das Wissen der Studenten (der altmodische Ausdruck sei mir verziehen) anzureichern oder dies mindestens zu versuchen, gelingt uns regelmäßig die Verwirrung der Studenten. Da wir beide bereits alte Herren sind, bleiben wir halsstarrig bei unseren Meinungen. Er lehrt, dass das Working Capital zu minimieren sei, wogegen ich ein

2.4.4 Rating oder Kennziffernanalyse?

2.4.4.1 Allgemeines

Nun haben wir einen Kennziffernkanon definiert, mit dem wir die uns interessierenden Aktien bewerten wollen. Sowie wir dies regelbasiert tun, könnten wir diesen Vorgang Rating nennen. Die Regeln müssen nicht allzu streng sein, nur eben vorhanden. Auch die großen und namhaften Rating-Agenturen fertigen ihre Ratings nicht viel anders an. Der wesentliche Unterschied ist, dass diese Agenturen einen engen Kontakt zu den Unternehmen pflegen, über die sie ein Rating erstellen und aus strukturierten Interviews Informationen gewinnen, die in das Rating oder die aus dem Rating folgende Bewertung einfließen. Wir haben den Nachteil, dass wir üblicherweise keinen Kontakt zu den Unternehmen haben, die wir analysieren. Zwar lässt sich dies leicht ändern. Die börsennotierten Unternehmen haben Ansprechpartner für Investor Relations und beantworten nach meiner Erfahrung die Fragen der Interessenten gern.[12] Das kann dann in Arbeit ausarten. Und die wollen wir minimieren. Zudem ist es aus meiner Erfahrung im Kreditgeschäft in einer Bank die Frage, ob eine ausschließlich aus der Analyse des Jahresabschlusses abgeleitete Bewertung eines Unternehmens tatsächlich schlechter sein muss als eine, die im Kontakt mit dem Unternehmen entstanden ist. Um ganz ehrlich zu sein, bin ich persönlich der

---

steigendes Working Capital für einen Indikator gestiegenen Unternehmenserfolgs halte. Da er seine Meinung mit der kurzfristigen Unternehmenssteuerung begründet („Lager kostet Zins") kann ich seine Meinung sogar verstehen. Dennoch bleibe ich meiner treu.

[12] So wurde ich einmal direkt zum Leiter Rechnungswesen durchgestellt, weil ich Fragen zum Jahresabschluss hatte.

Ansicht, dass der Unternehmenskontakt bei der kritischen Einschätzung eines Unternehmens eher stören kann.[13]

Wir bilden uns also aus der Betrachtung und Analyse im vorigen Abschnitt eine fundierte Meinung zum Unternehmen, konkret in der Frage, ob bei diesem Unternehmen strategische oder gar akute Schwierigkeiten zu vermuten sind oder nicht. Und das könnte man Rating nennen, wäre da nicht die diesbezügliche Regulierung der Europäischen Union. Die EU hatte wohl im Zuge der Staatsschuldenkrise (wir erinnern uns an Griechenland, Zypern oder andere EU-Länder, die massive Probleme mit der Bedienung der Staatsschulden hatten) den Eindruck bekommen, dass Ratingagenturen nicht objektiv waren und Interessen vertraten, die nicht zur Lösung der Krise beitrugen. Nun sind beide Phänomene höchstens für die EU verwunderlich. Für jeden anderen ist klar, dass eine Ratingagentur ein gewinnorientiertes Unternehmen ist, das einen Eigentümer hat, der möglichst viel mit der Arbeit der Ratingagentur verdienen will. Also hat eine vielleicht vorhandene Objektivität stets einen Zweck und ist im Zweifel den Interessen dieses Eigentümers untergeordnet. Nachdem dieser Zusammenhang der EU unmissverständlich klar wurde, beschloss sie zu handeln und erließ entsprechende Vorschriften für ein Rating.[14] Und wer sich nicht an diese Vorschriften hält, darf sein Rating nicht mehr Rating nennen und dieses auch nicht öffentlich machen. Daran halte ich mich und nenne das hier erläuterte Verfahren nun **Kennziffernanalyse**.

---

[13] So war in der Bank, in der ich lange arbeiten durfte, auffällig, dass die qualitativen Scores, die sich aus Fragen an den Unternehmer speisten, schwerer differenzierbar waren (da sehr häufig gute Ergebnisse ausweisend) als die quantitativen, aus dem Jahresabschluss abgeleiteten Scores.
[14] Siehe EU-Rating-VO (Verordnung Nr. 1060/2009), Richtlinie RL 2013/14/EU, und die Verordnung (EU) 462/2013.

2.4.4.2 Methode

Um das Ergebnis einer Kennziffernanalyse mit den Ergebnissen anderer Kennziffernanalysen vergleichbar zu machen, bietet sich die Verwendung einer Notenskala an. So können Unternehmen beziehungsweise deren Jahresabschlüsse vergleichbar gemacht werden. Die Gestaltung dieser Skala ist Geschmackssache. Der Quicktest von Peter Kralicek (siehe auch Abschn. 2.4.3) kommt mit einer Skala von 1 bis 4 aus.[15]

In jedem Fall ist es günstig, eine gerade Anzahl von Abstufungen zu wählen. Damit unterscheidet man sicher die „Guten" von den anderen. Ich verwende eine sechsstellige Skala. Deren Anwendung ist durch die Schulnoten vertraut. Die großen Ratingagenturen verwenden meist sehr lange Skalen.[16] Der Effekt dieser langen Skalen ist, dass sich bereits eher feine Unterschiede in verschiedene Ratingnoten einordnen lassen. Diese verschiedenen Ratingnoten lassen sich dann als verschiedene Risikoklassen bewerten, so zumindest die Theorie. Das ist aber gar nicht unser Ziel. Wir wollen feststellen, ob die Überlebenswahrscheinlichkeit des Unternehmens hinreichend hoch ist, so dass es sich lohnt, sich weiter mit dem möglichen Kauf der Aktie zu befassen. Also verwenden wir eine sechsstellige Skala mit „1" = „sehr gut" und „6" = „sehr schlecht". Die Verteilung der Noten kann im einfachsten Fall intuitiv erfolgen. Was Sie als sehr gut empfinden, bewerten Sie mit „1", was Sie als sehr schlecht empfinden mit „6", alles andere natürlich von 2 bis 5. Mit der Zeit schärft sich Ihre Intuition und die Vergleichbarkeit Ihrer Urteile erhöht sich.

Mit zunehmender Erfahrung werden Sie feststellen, dass Sie ähnliche Sachverhalte ähnlich bewerten. Damit nehmen Sie intuitiv eine Skalierung Ihrer einzelnen Be-

---

[15] Siehe Kralicek, Peter, Bilanzen lesen – Eine Einführung, S. 52ff.
[16] (Everling 2018).

wertungen vor. Sie hinterlegen Kennziffern, bei denen Sie das wollen, mit Skalen. Das führt dazu, dass eine Eigenkapitalquote von zum Beispiel 35 % stets immer zu einer gleichen Bewertung führt.

Tab. 2.1 listet die von mir verwendeten Skalen. Dazu ist noch eins anzumerken. Diese von mir entwickelte und verwendete Methode der Analyse und Bewertung des Jahresabschlusses funktioniert bei Unternehmen der Industrie, der Landwirtschaft, des Handels und der Dienstleistungen, aber nicht bei Finanzwerten (Banken, Versicherungen, Vermögensverwalter, Börsenbetreiber etc.). Aufgrund der m. E. hohen Abhängigkeit der Finanzwerte vom krisenfreien Fortbestand des gegenwärtigen Finanzsystems überlege ich persönlich auch nicht, langfristig Geld in solchen Finanzunternehmen anzulegen.

Analog zu den Schulnoten ist eine Ratingnote von 1,0 hervorragend. Anders als bei Schulnoten kommt diese Note eigentlich nicht vor. Demgegenüber ist ein Rating von 4,0 schlecht, eine Note von 5,0 signalisiert eine akute Bestandsgefährdung.

Nun erscheint interessant, warum eine ganze Reihe von Kennziffern in den Skalen gar nicht berücksichtigt wird, also auch nicht in die Ratingbewertung eingeht. Wie gesagt, jeder kann dies auf die eigenen Informationsbedürfnisse anpassen. Möglicherweise erstellen andere auf diese Weise letztlich bessere Systeme. Für meine eigenen Ratings verwende ich diese sechs Werte. Die anderen Kennziffern nutze ich, um mein Ratingergebnis zu plausibilisieren. Falls ich z. B. einem Softwareentwickler eine gute oder sehr gute Ratingnote zuordne und dieser Softwareentwickler einen dynamischen Verschuldungsgrad von vielleicht 1000 %[17]oder größer hat,

---

[17] Zur Wiederholung: Ein dynamischer Verschuldungsgrad von 1000 % bedeutet, dass das Unternehmen aus seiner gegenwärtigen Ertragskraft 10 Jahre benötigen würde, um seine Schulden vollständig zurückzuzahlen.

Tab. 2.1 Skalierung der von mir verwendeten Kennziffern

Ratingnote	Gesamt-kapitalrentabilität	Eigenkapitalquote	Anlagedeckung =	Veränderung des Eigenkapitals	Veränderung des Working Capital	Veränderung der Anlagedeckung =
6	Null und kleiner	Kleiner 10 %	Kleiner 90 %	Kleiner 1 %	Rückgang größer als 10 %	Unverändert oder Rückgang
5	bis 3 %	von 10 % bis 20 %	von 90 % bis 95 %	von 1 % bis 5 %	Rückgang kleiner als 10 %, aber kein Wachstum	Wachstum bis 5 %
4	von 3 % bis 6 %	von 20 % bis 30 %	von 95 % bis 100 %	von 5 % bis 8 %	Wachstum von 20 %	von 5 % bis 8 %
3	von 6 % bis 8 %	von 30 % bis 50 %	von 100 % bis 120 %	von 8 % bis 11 %	von 20 % bis 30 %	von 8 % bis 10 %
2	von 8 % bis 10 %	von 50 % bis 70 %	von 120 % bis 180 %	von 11 % bis 15 %	von 30 % bis 50 %	von 10 % bis 12 %
1	über 10 %	über 70 %	über 180 %	über 15 %	über 50 %	über 12 %

würde ich mein Rating anzweifeln und mich einem anderen Unternehmen zuwenden. Dagegen würde ich bei einem Wohnungsunternehmen einen solchen dynamischen Verschuldungsgrad akzeptieren. Interessanter Weise kann ich mich an keinen Fall erinnern, in dem es bisher dazu kam, dass ich mein Ratingergebnis aufgrund weiterer Kennziffern in Zweifel ziehen musste. Somit ist dieses sehr einfache System zumindest für meinen privaten Gebrauch ausreichend trennscharf.[18] Strategische Bedrohungen werden offenbar hinreichend erkannt.

Fraglich ist nun, welche Ratingnoten zu einer weiteren Beschäftigung mit den Aktien des ausgewählten Unternehmens führen. Intuitiv wenden wir uns Aktien zu, deren Rating mit 1 oder 2 bewertet wird. Bei diesen Aktien sind keine strategischen Bestandsrisiken zu erkennen. Diese gute Einschätzung verdanken die Aktie der Jahresabschlussanalyse. Und natürlich sind private „Hobbyanalysten" nicht die Ersten, die den Jahresabschluss eines Unternehmens lesen. Wettbewerber der „Hobbyanalysten" sind die professionellen Verwalter großer Vermögen, die diese Informationen meist sehr viel schneller sehen als private Anleger. Also ist davon auszugehen, dass Unternehmen mit sehr hoher Bonität aufgrund der Nachfrage nach ihren Aktien sehr teuer sind. Wenn wir bei den hohen, manchmal überteuerten Preisen mithalten können oder wollen, müssen wir uns daher auch mit den nicht ganz so guten, aber durchaus noch soliden Bonitäten befassen. Für mich persönlich ist bei der von mir verwendeten Skala ab einer Bonität von 4,0

---

[18] Auch habe ich nicht erlebt, dass mein Ratingsystem ein Unternehmen „zu gut" eingeschätzt hat. Bisher trat in keinem von mir untersuchten Unternehmen eine strategische Krise überraschend auf. Hingegen wurde insbesondere bei großen Unternehmen in sehr wenigen Fällen die Beharrung im Fortbestehen unterschätzt. Es gibt diese UNternehmen noch, obwohl mein Rating auf strategische Schwierigkeiten hinwies.

Schluss: Aktien, die ein Ratingergebnis von 4,0 oder schlechter aufweisen, betrachte ich nicht weiter.

3

Schritt 2 „Kurswertanalyse": Welche Chancen verspricht die Aktie?

Zusammenfassung In diesem Hauptabschnitt wird die Methode zur Bewertung der Aktie Schritt für Schritt hergeleitet. Nachdem die Jahresabschlussanalyse ein für ein weiteres Interesse hinreichend positives Ergebnis aufweist, ist nun der Wert, den die Aktie einem potenziellen Anleger stiften kann, zu bestimmen. Dabei wird der Wert der Aktie anhand von zur Verfügung stehenden Analystendaten, der gegenwärtigen Marktverfassung gemessen an der Volatilität und der Risikoneigung des Anlegers bestimmt. Anlageinteressierte erfahren, wie sie den erhofften Nutzen eines Aktienkaufs sinnvoll beschreiben, indem sie den nach gegenwärtiger Nachrichtenlage erwartbaren Einkommens- und Vermögenszuwachs aus dem Aktienkauf mit einem einfach zu handhabenden finanzmathematischen Kalkül ermitteln. Zudem lernen Anlageinteressierte, wie sie das Risiko, dass sie mit dem Aktienkauf eingehen, bewerten können, und wie sie ihre eigene Risikoneigung steuern können. Im letzten Schritt lernen die Anlageinteressierten, wie sie ihren Gewinnanspruch sinnvoll aus dem eingegangenen Risiko ableiten können, und ob der Aktienkauf diesem Anspruch mit hinreichender Wahrscheinlichkeit genügen kann.

3.1 Anlagehorizont

Mit der Jahresabschlussanalyse und dem Ratingergebnis ist der erste Schritt der fundamentalen Analyse (siehe Abschn. 2.3) abgeschlossen. Wir wissen nun, ob wir bei dem von uns betrachteten Unternehmen mit hinreichender Sicherheit davon ausgehen können, dass es unseren Anlagehorizont überlebt. Die Bestimmung des Anlagehorizontes ist wichtig, um die Erfolgsaussichten der Geldanlage zu bewerten. Die vorgestellte Methode erfordert grundsätzlich einen langfristigen Anlagehorizont. Sollte die analytische Arbeit also zu einer Kaufentscheidung führen, wollen wir die Aktie über mehrere Jahre besitzen. Natürlich behalten wir damit auch die Möglichkeit, die Aktie jederzeit wieder zu verkaufen, solange es eine Börse oder einen anderen Handelsplatz gibt, über den dies möglich ist. Aber dies wäre eine Änderung unseres Plans mit dieser Aktie.

Bei einer Kaufentscheidung ist geplant, dass uns diese Aktie über Jahre hinweg bereichert. Als Anlagehorizont wählen wir also eine Periode von sechs Jahren nach dem aktuellen Jahresabschluss. Falls also für das Jahr 2019 ein Jahresabschluss vorliegt, reicht unser Anlagehorizont bis zum Jahr 2025. In Abschn. 3.2 gehe ich noch darauf ein, welchen Vorteil dieser Zeitraum bietet.

3.2 Ermittlung des Zielkurses

Nun ist die Frage zu beantworten, welcher Kurs für die Aktie zum Ende des Anlagehorizontes erwartet werden kann. Dabei ist zu bedenken, dass die Zukunft eine wunderbare Eigenschaft hat: Wir kennen sie nicht. Wir können von keiner Aktie einen zukünftigen Kurs wirklich vorhersagen. Dabei ist es egal, ob diese Zukunft die nächste Minute ist oder ein Zeitpunkt im nächsten Jahr oder später. Dennoch ermitteln wir in diesem Schritt den Wert der Aktie, den wir für den Zeitpunkt unseres Anlagehorizontes erwarten. Das klingt widersinnig. Der Hintergrund ist, dass wir die Zukunft dann gestalten können, wenn wir uns ein Bild von der Zukunft machen. Denn aus diesem Bild können wir Handlungen in der Gegenwart ableiten. Diese Handlungen werden wir üblicherweise auch korrigieren, wenn sich unser Zukunftsbild ändert. Wir schaffen also eine Erwartung für den zukünftigen Aktienkurs. Dabei folgen wir der Prämisse, dass diese Erwartung einfach zu erstellen sein muss.

Am Beginn unserer Überlegung steht der gegenwärtige Aktienkurs des betrachteten Unternehmens. Der Einfachheit halber gehen wir davon aus, dass dieser Kurs den Wert der Aktie tatsächlich widerspiegelt, also weder übertrieben noch untertrieben ist. In diesem Fall wäre der Preis aller Aktien dieses Unternehmens der Wert des Unternehmens zum jetzigen Zeitpunkt. Dieser Wert kann sich nun nur noch dadurch ändern, dass sich das Eigenkapital, also das Kapital, das den Aktionären zusteht, ändert. Und dieses ändert sich durch den Gewinn und die Dividende. Es steigt durch den Gewinn und sinkt durch die Dividende. Somit nehmen wir den jetzigen Kurs der Aktie, zählen alle im Anlagehorizont erwarteten Kursgewinne hinzu und ziehen die zu erwartenden Dividenden ab. Das Ergebnis ist unser Zukunftsbild zum Kurs der Aktie, unser **Zielkurs**. Dies veranschaulicht das Beispiel in Tab. 3.1.

Die Aktie kostet heute € 100,00. Wir erwarten einen jährlichen Gewinn von € 6,00 je Aktie und eine jährliche

Tab. 3.1 Beispiel Ermittlung Zielkurs

Zeitpunkt	Heute	2020	2021	2022	2023	2024	2025
Kurs €	100,00						
Gewinn je Aktie		6,00	6,00	6,00	6,00	6,00	6,00
Dividende je Aktie		2,00	2,00	2,00	2,00	2,00	2,00
Zielkurs							124,00

Dividende von € 2,00 je Aktie. Damit ergibt sich folgender Zielkurs:

Dies ist als Tabellenkalkulation eine sehr einfache Rechenaufgabe. So lege ich jede erstellte Aktienbewertung in einer Kalkulationstabelle ab. Damit verkürzt sich der Aufwand für eventuelle Aktualisierungen enorm.

Sollte sich das Leben von Unternehmen und Aktie so entwickeln, wie in dieser Tabelle einfach modelliert, ist zu erwarten, dass dieser Aktienkurs um Jahr 2025 den Wert von 124,00 € erreicht. Das ist eine äußerst steile These: Alle möglichen Einflussfaktoren auf Kurs, Gewinn und Dividende werden ignoriert. Aber zunächst bleiben wir dabei. Wir haben jetzt ein Zukunftsbild und überlegen, welche Handlung zu diesem Zukunftsbild passt. Und die Handlungsalternativen sind zu kaufen oder die nächste Aktie zu suchen.

Doch vorher wollen wir noch einmal besprechen, woher wir die Werte für den Gewinn je Aktie und die Dividende je Aktie nehmen. Diese werden in verschiedenen Börsenportalen veröffentlicht. Ich verwende hierzu gern Onvista. Jedoch kenne ich kein Börsenportal, das Prognosen der Analysten für sechs Jahre in die Zukunft veröffentlicht. Also notiere ich die Gewinne und Dividenden je Aktie in der Vergangenheit (meist werden sie für drei Jahre geliefert) und bilde für die Zeitpunkte, für die keine Schätzungen vorliegen, als gleitende Mittel aus den vorhandenen Werten (siehe dazu das Beispiel in Tab. 3.2).

3 Schritt 2 „Kurswertanalyse": Welche Chancen …

Tab. 3.2 Beispiel Verwendung der Analystenschätzungen

Zeitpunkt	Berichtete Werte				Analystenschätzungen			Gleitende Durchschnitte		
	2017	2018	2019	Heute	2020	2021	2022	2023	2024	2025
Kurs				100,00						
Gewinn je Aktie	7,00	5,00	4,00		5,00	6,00	7,00	5,67	5,44	5,25
Dividende je Aktie	3,2	1,8	0,6		1,8	2,00	3,2	2,10	1,92	1,94
Zielkurs										121,40

Nach den Werten in Tab. 3.2 scheint die Aktie von einem Unternehmen zu stammen, dessen beste Zeiten wohl vorüber sind. Doch offenbar erwarten die Analysten, dass die Zeiten sich wieder bessern und die hohen Gewinne je Aktie bald wiederkehren. Ein solches Bild vermitteln die Analysten oft. Die Analysten ändern übrigens relativ häufig ihre Meinungen. Auf einigen Portalen werden die Revisionen der Gewinnerwartungen verzeichnet.[1] Gar nicht so selten tendieren die Erwartungen mit Zeitablauf zu geringeren Werten je Aktie. Dennoch verwende ich die Werte der Analysten. Diese Profis beschäftigen sich sehr intensiv mit dem jeweiligen Unternehmen und den vom jeweiligen Unternehmen herausgegebenen Wertpapieren. Auf ihre Expertise möchte ich nicht verzichten. Mit dem Anlagehorizont von sechs Jahren verbleiben jedenfalls drei Prognosezeitpunkte, bei denen der Prognosewert aus dem gleitenden Durchschnitt ermittelt wird. Damit werden steil in den Himmel weisende Prognosekurven etwas geglättet.

3.3 Ein Zahlungsstrom

Als Ergebnis dieser Arbeit lässt sich nun in einem Zahlungsstrom darstellen, was der Kauf dieser Aktie nach unserer Meinung brächte. Dabei haben wir eine Investition in der Gegenwart, Dividendenzahlungen in der Zukunft und die Möglichkeit, die Aktie zu einem von uns erwarteten Kurs (Zielkurs) am Ende des Anlagehorizonts zu verkaufen. Das Beispiel in Tab. 3.3 ergibt eine Zahlungsreihe, die auch Zahlungsstrom genannt wird.

Dieser Zahlungsstrom bildet die Möglichkeit ab, heute für € 100,00 eine Aktie zu kaufen, in der Zukunft die erwarteten Dividenden zu kassieren und am Ende des An-

---

[1] Siehe z. B. market screener (https://www.marketscreener.com/).

Tab. 3.3 Beispiel Zahlungsstrom

Kauf der Aktie	2020	2021	2022	2023	2024	2025
t_0	t_1	t_2	t_3	t_4	t_5	t_6
-100	5,00	6,00	7,00	5,67	5,44	121,40

lagehorizontes die Aktie wieder zu verkaufen. Diese Tabelle enthält einige Vereinfachungen. So wird unterstellt, dass das Jahr t_1 ein vollständiges Jahr sei. Zudem sind weder Kosten noch Steuern in dieser Tabelle enthalten. Dies kann ein interessierter Nutzer natürlich einpflegen. Der Lösungsweg ist gleich.

Interessanter ist m. E. die Frage nach der Rendite dieses Zahlungsstroms. Die Rendite lässt sich einfach in einer Tabellenkalkulation mit der Formel IKV ermitteln.[2] Die Rendite des Zahlungsstroms beträgt 7,94 %.

Das klingt in der gegenwärtigen Phase niedriger oder negativer Zinssätze nicht schlecht. Um jedoch zu einer begründeten Meinung zu kommen, ob die Rendite angemessen ist oder nicht, ob wir damit zufrieden sein oder können eine höhere Rendite fordern sollten, sind einige weitere Überlegungen nötig.

3.4 Der Kalkulationszinsfuß

Mit dem Kalkulationszinsfuß bestimmen wir, welche Rendite wir fordern. Hierbei wollen wir uns von bierselig angeregten Forderungen[3] abwenden. Ein Kalkulationszinsfuß ist das Ergebnis einer angewendeten Rechenregel und kein Produkt einer Stimmungsschwankung. Zur Bestimmung

---

[2] Wer mit der Hand bzw. mit Zettel und Stift rechnen möchte, verwendet die finanzmathematische regula falsi zur Bestimmung des internen Zinsfußes.

[3] Eine entsprechende „Sachlichkeit" lässt sich auch mit anderen Mitteln erreichen. Zudem gibt es genügend Zeitgenossen, die ein derartiges Niveau tatsächlich für Niveau halten.

des Kalkulationszinsfußes haben wir die Wahl zwischen zwei Wegen: dem akademischen und einem individuellen Weg.

3.4.1 Exkurs: Capital Asset Pricing Model (CAPM)

Der akademische Weg wird durch das Capital Asset Pricing Model (CAPM) beschrieben. Darüber wurde und wird bereits sehr viel geschrieben. Es vermittelt meines Erachtens den Eindruck, dass sich ein möglicher Gewinn von Geldanlagen sehr genau bestimmen ließe. Zunächst beschreibt dieses Modell das Risiko als Summe von systematischem und unsystematischem Risiko. Das systematische Risiko ist dabei ein dem Anlageobjekt innewohnendes Risiko. Dieses Risiko lässt sich nur durch Meidung des Anlageobjektes umgehen. Das unsystematische Risiko ist durch die spezielle Art des konkreten Anlegers, Anlageobjekte zu handhaben, gegeben. Das unsystematische Risiko lässt sich vollständig dadurch vermeiden, dass der Anleger statt seines speziellen Portfolios ein effizientes Portfolio erwirbt. Dies verdeutlicht folgendes Beispiel:

Es ist einleuchtend, dass Aktien ein höheres Risiko aufweisen als kurzfristige Einlagen bei einer bonitätsstarken Bank. Ein Grund neben vielen anderen liegt schon im Anlagehorizont begründet, der bei einer kurzfristigen Bankeinlage in einer festen Frist besteht, wogegen der Aktienkurs die gesamte Zukunft der Aktiengesellschaft bepreist. Ebenso ist möglicherweise einleuchtend, dass es wesentlich riskanter ist, sein gesamtes Vermögen in einer einzigen Aktie anzulegen, als in einen wie auch immer bestimmten Aktienkorb. Die Risikominderung, die durch die Anlage in mehrere Aktien statt in einer einzigen eintritt, betrifft ausschließlich das unsystematische Risiko, also das Risiko, das

3 Schritt 2 „Kurswertanalyse": Welche Chancen ...

durch das Verhalten des Anlegers bestimmt wird. Die These der Vertreter des CAPM ist, dass es ein effizientes Portfolio gibt. Diesem Portfolio wohnt ein systematisches Risiko inne. Für das Eingehen eines solchen Risikos darf der Anleger eine Prämie erwarten, eine Risikoprämie. Diese Risikoprämie bestimmt ganz entscheidend die Ertragserwartung des Anlegers. Nach der These des CAPM kann der Anleger kein Portfolio finden, mit dem er eine höhere Ertragserwartung verbinden kann als mit dem effizienten, es sei denn, er wäre bereit, ein höheres Risiko einzugehen. Dieser Risikozuwachs dürfte aber nur auf das systematische Risiko entfallen. Das Eingehen von unsystematischen Risiken wird nach dem CAPM nicht entlohnt.

Angenommen wir hätten herausgefunden, welches Aktienportfolio denn effizient wäre. Mit diesem Portfolio könnten wir begründet eine Ertragserwartung verbinden und müssten dieser Erwartung ein systematisches Risiko, das darin besteht, dass wir einen Teil unseres Vermögens oder sogar das gesamte Vermögen verlieren könnten, gegenüberstellen. Nun könnte uns das mit diesem Portfolio verbundene Risiko zu hoch erschienen, weshalb wir einen Teil unseres Vermögens in kurzfristigen Bankeinlagen anlegen. Es wäre nun einleuchtend, dass unsere Ertragserwartung sich proportional mit unserem Risiko verhält. Je nachdem, welchen Anteil wir im effizienten Aktienportfolio oder in Bankeinlagen halten, verändern sich Risiko und Renditeerwartung im gleichen Maße.[4]

Es gibt einige Vermögensverwalter, die sehr erfolgreich mit dem CAPM arbeiten. Und natürlich gibt es Überlegungen, die zu Anfragen an das CAPM führen.

Insbesondere die These, dass sich ein effizientes Marktportfolio finden ließe, bei dem sich die Renditeerwartung

---

[4] Dieser Zusammenhang lässt sich als lineare Funktion darstellen. Diese Funktionsgerade wird als „Kapitalmarktlinie" bezeichnet.

treffsicher einem Risiko zuordnen ließe, ist mindestens interessant. Fraglich ist, warum dieses Portfolio dann nicht einfach veröffentlicht wird und wir alle die in diesem Portfolio vertretenen Werte kaufen. Diese einfache Frage führt möglicher Weise zu der Annahme, dass das CAPM interessant ist, aber vielleicht auch nicht für jeden der Weisheit letzter Schluss.

Unabhängig davon nehmen wir aus dem CAPM folgende Überzeugungen mit:

- Geldanlegen ist riskant.
- Dieses Risiko kann durch kluges Verhalten gemindert, aber nicht ausgeschaltet werden.
- Für das Eingehen von Risiken beanspruchen wir eine Prämie, die wir kalkulieren können. Diese Prämie gleicht unser Risiko aus.
- Abweichend vom CAPM fordern wir, da Geldanlegen riskant ist und auch Arbeit macht, für das Geldanlegen einen Lohn.

Damit wenden wir uns unserem individuellen Weg zu, wie wir den Kalkulationszinsfuß bestimmen:[5]

Er setzt sich zusammen aus

- Einstandszinssatz
- Risikoprämie und
- Gewinnanspruch.

3.4.2 Der Einstandszinssatz

Der Einstandszinssatz ist der Zinssatz, den ein Anleger für das Kapital, mit dem er Aktien kaufen will, aufwenden

---

[5] Im Gegensatz dazu wird im CAPM die erwartete Marktrendite eines Portfolios als Summe aus risikofreiem Zins und betagewichteter Risikoprämie beschrieben. Das Beta beschreibt den Anteil des Einzelrisikos am Gesamtrisiko.

muss. Sollte ich einen Kredit aufnehmen, um Aktien zu kaufen, verwende ich diesen Kreditzinssatz als Einstandszinssatz. Offen gestanden glaube ich allerdings nicht, dass es eine gute Idee ist, Aktien auf Kredit zu kaufen. Denn ein Kredit bedeutet, eine sichere Verpflichtung einzugehen. Eine Aktie zu kaufen bedeutet dagegen, die Chance auf Einkommen und Vermögen zu kaufen. Diese Chance muss sich nicht erfüllen. Die Chance so zu wählen, dass sie die sichere Verpflichtung mit hinreichender Sicherheit übersteigt, fällt auch erfahrenen Börsenprofis schwer. Während ich diese Zeilen schreibe, sind die Börsen weltweit gerade enorm unter Druck, da sich die Wirtschaftskrise infolge des Ausbruches des Covid19-Viruses weiter entfaltet. Der enorme Rückgang von Aktien- und Rohstoffpreisen einschließlich der Preise für Edelmetalle und die Tatsache, dass auch Staatsanleihen der USA oder deutsche Staatsanleihen nicht davon profitieren können, zeigt, dass möglicher Weise sehr viele Anleger Kreditschulden aufnahmen, um Geld anzulegen.

Auf dem Chart in Abb. 3.1 ist schön zu sehen, dass in den letzten Februartagen des Jahres 2020 die Aktien und die Rohstoffe (hier am Beispiel von Rohöl der Sorte Brent) ihre scharfe Abwärtsbewegung begannen. In der ersten Phase bis zum 09. März stiegen der Goldpreis und der Bundfuture (ein sehr guter Preisindikator für den Kurs deutscher Staatsanleihen) an. Ab dem 09. März fielen dann auch die Kurswerte deutscher Staatsanleihen und der Goldpreis.

Dieses Verhalten ließe sich durch folgenden Hintergrund erklären: Zunächst verkauften die Anleger einen Teil ihrer Aktien und Rohstoffe und legten das Geld in Staatsanleihen und Edelmetallen an, um das Risiko in ihrem Portfolio zu senken. Als die Kurse für Aktien und Rohstoffe weiter fielen, waren sie gezwungen, weitere Aktien zu verkaufen, um die

Abb. 3.1 Rückgang von Aktien- und Rohstoffpreisen. Chart erstellt mit Guidants (https://go.guidants.com/de/#) am 25.06.2020

Risiken weiter zu mindern. Möglicherweise waren viele Anleger auf Kredit finanziert, und diese Kredite wurden nun fällig. Dies geschieht regelmäßig, wenn die zur Absicherung des Kredites bereitgestellten Wertpapiere nicht mehr ausreichen, um den Wert des Kredites zu decken. Also mussten nun auch die Anlagewerte, die eigentlich zur Risikoreduktion gekauft worden waren, veräußert werden. Ob das die korrekte oder tatsächliche relevante Motivlage in diesen Tagen war, weiß ich natürlich nicht. Aber schon aus der dargestellten Überlegung heraus lernen wir, dass ein Handeln auf Kreditbasis zu einer Zwangssituation führen kann, in der ein Anleger keine Wahl mehr hat zwischen den Optionen Kaufen, Verkaufen oder Halten. Meines Erachtens sollten Privatanleger eine solche Situation unbedingt vermeiden. Die Marktbewegungen der Tage von Ende Februar bis Ende März des Jahres 2020 legen nahe, dass auch professionelle Anleger Schwierigkeiten haben bzw. hatten, sich umfassend vor solchen turbulenten Situationen zu schützen. Diese Erfahrung ist vielleicht ein unterstützendes Argument für das etwas mühevolle Vorhaben, sich selbstverantwortlich um die eigene Geldanlage zu kümmern und nicht ausschließlich Fonds zur Geldanlage zu nutzen.

Diese Überlegungen anhand der Erfahrung aus dem Börsenkrach infolge des Ausbruches des Covid19-Virus lässt also einen Kreditzinssatz als Einstandszinssatz unpassend erscheinen, denn von einer Kreditaufnahme, also vom Schulden machen zwecks Wertpapierkauf, ist dringend abzuraten.

Daher beschreibt der Einstandszinssatz den Zinssatz, den wir aufgeben, wenn wir Geld in Aktien anlegen. Dieser Zinssatz sollte der Zinssatz einer risikoarmen Geldanlage sein,[6] also zum Beispiel der Zinssatz für ein Sparbuch, von dem wir das Geld für den Aktienkauf nehmen. Dieser Zinssatz wird in der gegenwärtigen Zeit für in Euro geführte Sparbücher bei einer Sparkasse oder Genossenschaftsbank in Deutschland mit etwa Null hinreichend beschrieben sein. Möglicherweise weicht der Zinssatz von Null ab, aber falls dies in der dritten Nachkommastelle der Fall ist, ist das wohl kaum relevant.[7]

3.4.3 Die Risikoprämie

Nachdem wir den Einstandszinssatz nun bestimmen können, wollen wir wissen, wie wir eine sinnvolle Risikoprämie

---

[6] Früher sprach man vom „risikofreien Zins" (siehe Ausführungen zum CAPM). Damals hielt man Banken und auch Staaten für Emittenten, die risikofrei Anleihen emittierten. Diese waren zum „risikofreien" Zins verzinst. Inzwischen werden nur noch Anleihen bestimmter Staaten wie den USA oder der Schweiz als risikofrei angesehen.

[7] Gegenwärtig werden von immer mehr Banken „Negativzinsen" eingeführt. Bisher betrifft das vor allem große Summen von Bankguthaben. Sollten die Geldmarktzinssätze nicht in absehbarer Zeit drastisch steigen, wäre meines Erachtens zu erwarten, dass die „Negativzinsen" ausgeweitet werden und auch auf kleinere Guthaben angewendet werden.

dafür finden können, dass wir eine Aktie kaufen. Denn wir gehen mit dem Kauf einer Aktie ein Risiko ein. Und dieses Risiko wollen wir angemessen vergütet bekommen, ansonsten behalten wir lieber unser Geld.

Um das Risiko einer Aktie zu bestimmen, schauen wir uns deren Kursverlauf an. Es ist sicher einleuchtend, dass der Kauf einer Aktie mit stark schwankendem Kurs riskanter ist als der Kauf einer Aktie mit einem stabileren Kurs. Für das Ausmaß der Kursschwankungen gibt es ein Maß. Dieses Maß wird Standardabweichung genannt.[8] Um verschiedene Standardabweichungen gut miteinander vergleichbar zu machen, können sie zum Mittelwert ins Verhältnis gesetzt und als Prozentzahl ausgedrückt werden. Diese nun ermittelte Prozentangabe wird als Volatilität bezeichnet. Diese Volatilität drückt aus, um wie viel Prozent der Aktienkurs durchschnittlich im abgelaufenen Zeitraum schwankte bzw. zurzeit noch schwankt. Wenn unterstellt wird, dass der Kauf von Aktien rational erfolgt (darüber kann man sicher geteilter Meinung sein, aber die Modellierung von Emotionen und deren Veränderungen ist nicht einfach), drückt diese Schwankung eine Unsicherheit in der künftigen Wertentwicklung aus. Wenn also eine Aktie eine Volatilität von 10 % bezogen auf das letzte Jahr aufweist, so kann dies so interpretiert werden, dass die zu erwartende Entwicklung der Aktie (also die jährlichen Gewinne und auszuschüttenden Dividenden) um durchschnittlich 10 % schwanken könnte. Zumindest müsste mit dieser Schwankung gerechnet werden. Falls also die Entwicklung der in unserem Zahlungsstrom (siehe Abschn. 3.3) zu einer jährlichen Rendite von 5 % führt, dann müssten wir erwarten,

---

[8] „Die Standardabweichung ist ein Maß für die Streubreite der Werte eines Merkmals rund um dessen Mittelwert (arithmetisches Mittel). Vereinfacht gesagt, ist die Standardabweichung die durchschnittliche Entfernung aller gemessenen Ausprägungen eines Merkmals vom Durchschnitt." Quelle: https://de.statista.com/statistik/lexikon/definition/126/standardabweichung/.

3 Schritt 2 „Kurswertanalyse": Welche Chancen ...

dass wir mit einer Rendite von 4,5 % nicht enttäuscht sein dürften. Die 0,5 % Differenz wären in diesem einfachen Fall unsere Risikoprämie. Nun haben Durchschnitte aber die Eigenschaft, dass die Abweichungen vom Durchschnitt für das Schicksal entscheidend sein können. In dem vorliegenden Fall wäre es für die unterdurchschnittlichen Fälle so, dass die Schwankung der tatsächlichen Rendite um die erwartete Rendite kleiner ausfällt als erwartet (also kleiner als 10 %). Das wäre günstig. Wenn wir uns nun eine Gauß'sche Glocke, also die glockenförmige Kurve einer Normalverteilung vorstellen und dort die Standardabweichung (also die Volatilität) eintragen, so fällt auf, dass die unterdurchschnittlichen Werte (Abweichungen vom Mittelwert) häufig zu erwarten sind und dafür eine endliche Menge bilden. Die Werte (Abweichungen vom Mittelwert), die über der Standardabweichung liegen, sind demgegenüber eher selten, dafür in ihrer Ausprägung nicht begrenzt. Die größte und am wenigsten wahrscheinliche Abweichung ist unendlich groß.

In der abgebildeten Standardnormalverteilung (siehe Abb. 3.2) sind der Erwartungswert 0 und die Standardabweichung 1. Diese Werte sind definiert.

Überlegen wir noch einmal, worum es uns hier eigentlich geht: Wir wollen beim Aktienkauf das Risiko vermindern, die dümmsten Aktienkäufer zu sein. Denn in diesem Fall würden wir den höchsten Preis bezahlen und würden in der Folge sicher verlieren, da die anderen nicht so dumm wären, zu diesem Preis zu kaufen. Mit der Risikoprämie formulieren wir eine erforderliche Mindestrendite, mit der uns ein Aktienkauf vorteilhaft scheint. Und das bedeutet, es ist uns nun egal, ob wir die dümmsten sind oder nicht. Wenn die von uns geforderte Mindestrendite zur Deckung des von uns gesehenen Risikos sinnvoll erwartet werden kann (das lesen wir aus unserem Zahlungsstrom ab), glauben wir, dass der Vorteil aus dem Aktienkauf das Risiko,

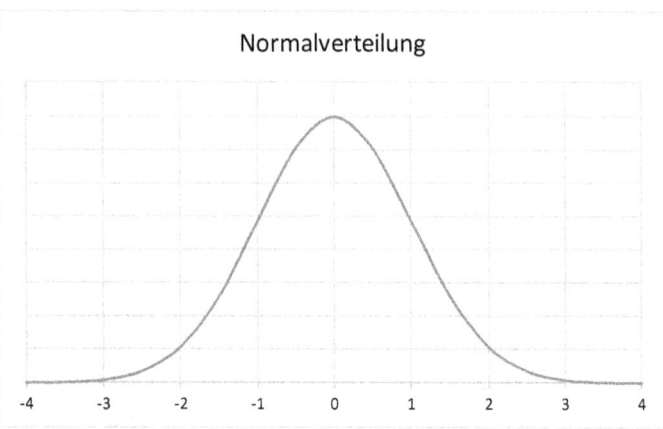

Abb. 3.2 Standardnormalverteilung (eigene Recherche und Darstellung)

der Dümmste zu sein, wert ist. Wenn die Risikoprämie dies leisten soll, nämlich absichern, dass der Vorteil des Aktienkaufs das Risiko, der Dümmste zu sein, ausgleicht oder übersteigt, ist es dann nicht plausibel, sich für mehr als nur das durchschnittliche Risiko abzusichern? Eine vollständige Absicherung ist allerdings unmöglich, da die Extremwerte auf der X-Achse gegen unendlich groß und unendlich klein verlaufen. Aber schon eine Verdopplung der Standardabweichung würde einen erheblichen Teil der unter der Kurve der Normalverteilung liegenden Fläche (siehe x = 2 in Abb. 3.2) einschließen. Das bedeutet, das Risiko mit einer noch größeren Abweichung vom Erwartungswert (der erwarteten Rendite) als nun ermittelt konfrontiert zu werden, ist wesentlich kleiner, als wenn wir mit der Volatilität gemäß der einfachen Standardabweichung rechneten. Und natürlich kann auch über den Faktor drei nachgedacht werden. Mit dem Faktor 3 würden fast alle vorstellbaren Fälle, also Fälle, deren Wahrscheinlichkeit sich deutlich von Null unterscheidet, abgedeckt. Mit welchem Faktor wir rechnen,

3 Schritt 2 „Kurswertanalyse": Welche Chancen ...

hängt letztlich von unserem Optimismus und den weiteren Maßnahmen zur Risikohandhabung ab. Wer eine Aktie sehr optimistisch einschätzt, wird eine sehr geringe Mindestrendite fordern. Ihm wird ausreichen, dass die Aktie gehandelt werden kann. Solche Optimisten sind sehr wichtig. Sie sind der Grund, warum sich Unternehmen wie Tesla, Facebook oder Twitter überhaupt etablieren konnten. Wenn wir jedoch Aktien erwerben, um unseren langfristigen Vermögensaufbau zu unterstützen oder gar zusätzliches Einkommen zu schaffen, dann sind solche Aktien nicht unbedingt die erste Wahl. Solche Aktien kaufen wir später, wobei es meines Erachtens auch kein Verlust ist, wenn wir dies nie tun. Das Risiko, der dümmste Käufer zu sein, ist mir persönlich bei diesen Aktien zu hoch.

Nach meiner Erfahrung rechnen Banken häufig mit dem Faktor 2,33. Mit diesem Faktor werden bei Annahme einer Normalverteilung 99 % aller Abweichungen erfasst.[9] Diesen Wert 2,33 verwende ich selbst auch. Also wird zur Ermittlung der Risikoprämie die Volatilität der Aktie (in unserem Beispiel 10 %) mit 2,33 multipliziert. Das Ergebnis von 23,30 % ist unser Risikofaktor. Mit diesem Risikofaktor multiplizieren wir nun die erwartete Rendite aus der Aktie (in unserem Beispiel 5 %) und erhalten die Risikoprämie von 1,17 %.

Hierzu ist eine Anmerkung nötig. Gerade in der jetzigen Phase der Coronakrise sind die Volatilitätswerte für die meisten Aktien enorm angestiegen. Der sehr scharfe Rückgang der Aktienkurse hat für enorm gestiegene Werte in der Volatilität der Aktienkurse gesorgt. Dadurch kommen schnell Risikofaktorwerte heraus, die größer sind als 100 %. Diese Werte sind unplausibel, da grundsätzlich mehr als

---

[9] Diese 99 % werden Konfidenzniveau genannt. Die Banken veröffentlichen das Konfidenzniveau entweder im Risikoberichtsteil des Lageberichtes oder im Offenlegungsbericht.

100 % nicht verloren gehen können. In diesem Fall begnügen wir uns mit der einfachen Standardabweichung.

Die Ermittlung der Risikoprämie können wir am Beispiel gemäß Tab. 3.3 üben. Der in dieser Tabelle ermittelte Zahlungsstrom hat eine Rendite von 7,94 %. Nehmen wir an, die Volatilität der letzten 12 Monate (bzw. letzten 250 Handelstage) liegt bei 15 %, die wir mit 2,33 multiplizieren wollen. Wenn wir unsere Überlegungen aus dem letzten Abschnitt anwenden, lässt sich das Ergebnis in Tab. 3.4 darstellen:

Somit haben wir neben den Einstandszins die Risikoprämie definiert. Genauer gesagt haben wir eine Regel definiert, mit der wir die Risikoprämie bestimmen können. Diese Risikoprämie ist kein fixer Koeffizient, kein einmal definierter und stets angewendeter Zuschlagsatz, sondern in jedem Einzelfall das Ergebnis einer einfachen Berechnung. Eingangsgrößen und damit Einflussgrößen auf die Höhe der Risikoprämie sind

- die Rendite, die wir aus der Aktienanlage erwarten,
- die Volatilität,
- und natürlich der Faktor, mit dem wir unsere Risikoneigung festlegen.

Mit dieser Regel erreichen wir eine sich flexibel an die jeweiligen Bedingungen anpassende Risikoprämie. Denn es ist einleuchtend, dass die Risikoprämie

Tab. 3.4 Ermittlung der Risikoprämie

Rendite	7,94 %
Volatilität	15 %
Faktor	2,33
Risikofaktor	34,95 %
Risikoprämie	2,77 %

3 Schritt 2 „Kurswertanalyse": Welche Chancen ...

1. das Risiko beschreibt, dass unsere erwartete Rendite nicht eintritt (schließlich betrifft die Erwartung die Zukunft, und die Zukunft kennen wir nun mal nicht),
2. bei Aktien oder Marktphasen mit hoher Schwankung (also Volatilität) höher sein muss als bei Aktien (oder Marktphasen) niedriger Volatilität,
3. von unserer Möglichkeit und unserer Bereitschaft abhängt, Verluste zu akzeptieren.

Gerade der dritte Punkt ist für unsere Einstellung zu Aktienanlagen sehr wichtig. Ohne die Bereitschaft, Verluste zu akzeptieren, sollten wir überhaupt keine Geschäfte angehen. Insbesondere keine Aktiengeschäfte. Aber die Bereitschaft, Verluste zu akzeptieren, sollte auch nicht falsch verstanden werden. Niemand verliert gern Geld. Aber wer glaubt, dass er jede Anlage in Aktien gewinnbringend abschließen kann, braucht nicht weiterzulesen. So jemand braucht auch keine Risikoprämie, denn wie sollte er sein Risiko beschreiben? Mit einem solchen Investor, der zumindest mir und sicher auch vielen anderen haushoch überlegen ist, sollten wir uns nicht weiter befassen.[10] Wir akzeptieren, dass wir Verluste erleiden werden und bereiten uns auch darauf vor. Eine Vorbereitung ist, dass wir mit unserer einfachen Berechnungsmethode erkennen wollen, ob eine Aktie überteuert ist, oder nicht. Dazu berechnen wir unter anderem die Risikoprämie.

---

[10] Im Alltagsbewusstsein scheint es eine andere Regel zu geben. Wir kaufen keine ranzige Butter und kein schimmeliges Brot. Und doch haben wir vermutlich alle schon Fahrkarten für Verkehrsmittel gekauft, die uns stehen ließen, Obst, bei dem wir die Schimmelstellen nicht gesehen haben und Toast, der nach ein, zwei Tagen solche Stellen aufwies. Und diejenigen, die wegen jedem verlorenen Betrag den Beschwerde- oder gar Klageweg beschreiten, finden wir zwar raffiniert, aber nicht unbedingt sympathisch. Zudem ist fraglich, ob diese Personen Recht bekommen und der Klageaufwand sich lohnt.

3.4.4 Der Gewinnzuschlag

Mit dem Gewinnzuschlag beschreiben wir den Lohn für unsere Arbeit. Im Exkurs in Abschn. 3.4.1 zum Capital Asset Pricing Model, das keinen Gewinnzuschlag kennt, hatten wir beschrieben, warum wir einen Gewinnzuschlag in unsere Kalkulation einbeziehen wollen: Erstens, weil wir nur den Gewinn erhalten, den wir fordern. Geschenkt wird nichts, warum auch. Zweitens, weil die anderen beiden Parameter unseres Einstandszinses Parameter sind, die viele andere Investoren auch kennen. Denn der Einstandszins ähnelt sehr stark dem risikofreien Zins aus dem CAPM, und unsere Risikoprämie formulieren wir ähnlich, wie Anwender des CAPM dies tun. Begnügen wir uns mit diesen beiden Größen, werden wir Aktien finden, die viele andere auch attraktiv finden und daher kaufen. Was viele bereits kaufen, ist aber teuer. Und damit ist unser Risiko hoch, zu den dümmsten Käufern zu gehören. Wir finden keine unterbewerteten Aktien, die viel Potenzial für künftige Käufe und damit künftige Wertsteigerungen bieten, sondern Aktien, die andere auch interessant finden, die also durchschnittlich bewertet sind. Erst mit der zusätzlichen Forderung ist die Wahrscheinlichkeit, dass wir unterbewertete Aktien finden, wesentlich höher. Und diese unterbewerteten Aktien interessieren uns. Bei denen bestehen die größten Chancen, dass das Interesse der anderen Anleger an dieser Aktie irgendwann erwacht. In dem Abschn. 3.5 werden wir noch sehen: wenn wir unseren Ertragsanspruch, unseren Kalkulationszinsfuß erhöhen, sinkt der Wert, dem wir einem Zahlungsstrom zumessen. Diesen Effekt nutzen wir bei der Festlegung eines Gewinnzuschlages aus.

Wie legen wir nun einen angemessenen Gewinnzuschlag fest? Wählen wir einen zu hohen Gewinnzuschlag, werden

3 Schritt 2 „Kurswertanalyse": Welche Chancen ...

wir keine Aktie kaufenswert finden, es werden uns alle zu teuer scheinen. So attraktiv ein hoher Gewinn also wäre, so wenig lohnenswert ist, wegen zu hoher Renditeforderungen auf seinem gesamten Geld sitzen zu bleiben, anstatt intelligent zu investieren. Als Richtgröße, vielleicht auch Obergrenze könnte hilfreich sein, was professionelle Investoren als Eigenkapitalzins fordern. In der Regel investieren Privatanleger aus ihrem Eigenkapital in Aktien. Also ist das einfachste Verfahren, auf den geplanten Einsatz einen Mindestaufschlag zu erheben, den sie verdienen möchten. Da das Risiko durch die Risikoprämie bereits einen Preis erhalten hat, kann der Anleger jetzt einen Aufschlag in der Höhe festlegen, ab der ihm eine Geldanlage lohnend scheint. Anders als die Risikoprämie ist dieser Gewinnzuschlag allein von den Vorstellungen des Anlegers abhängig. Und es gibt keinen Grund, diesen Gewinnzuschlag von einem Aktienkauf zum nächsten zu differenzieren. Dieser Gewinnzuschlag ist also ein Wert, der einmal definiert und in eher großen Abständen überprüft wird. Setzen Sie ihn, wie Sie wollen, aber setzen Sie ihn. Wenn Sie einen Satz von 5 Prozentpunkten haben möchten, dann nehmen Sie den. Wenn Sie einen höheren Satz erreichen wollen, bitte gerne, aber es mich würde überraschen, wenn Sie dann Ihr Geld tatsächlich am Markt angelegt bekommen. Wenn Sie einen Satz von einem Prozentpunkt haben möchten, gut, dann nehmen Sie den. Einen „richtigen" Wert kenne ich nicht. Ich selbst verwende einen Gewinnzuschlag von 5 Prozentpunkten.

Nehmen wir diesen Gewinnzuschlag mal als gegeben an, dann ergibt sich die Zusammensetzung des Kalkulationszinsfußes nach Tab. 3.5

Wie in den vorherigen Abschnitten ausgeführt, ist jeder einzelne der drei Bestandteile des Kalkulationszinsfußes variabel. Somit wäre es falsch, wenn ein Anleger einen solchen

Tab. 3.5 Beispiel Zusammensetzung des Kalkulationszinsfußes

Einstandszins	0,00 %
Risikoprämie	2,77 %
Gewinnzuschlag	5,00 %
Kalkulationszinsfuß	7,77 %

Zinsfuß einmal ermittelt (oder irgendwo abschreibt) und dann stets anwendet. Selbst bei der gleichen Aktie ändert sich der Kalkulationszinsfuß täglich, da sich die Volatilität und in der Folge die Risikoprämie täglich ändern.

3.5 Bewertung des Zielkurses

Jetzt kennen wir den jetzigen Kurs der Aktie, den Zahlungsstrom über unseren Anlagehorizont und den Kalkulationszinsfuß, mit dem wir den Zahlungsstrom bewerten wollen. Hierzu verwenden wir die **Kapitalwertformel**. Diese lautet

$$C_0 = -A + \Sigma (e - a) \cdot (1 + r)^{-t}$$

mit folgenden Elementen:

- C_0: Kapitalwert;
- $-A$: Anfangsauszahlung;
- $e - a$: jährliche Einzahlungsüberschüsse;
- r: unser Kalkulationszinsfuß;
- t: Jahr, in dem der jeweilige Einzahlungüberschuss $e - a$ erwartet wird.

Der **Kapitalwert** ist demnach der finanzielle Nutzen einer Investition. Er setzt sich zusammen aus der negativen Anfangsauszahlung und den Differenzen aus künftig im Investitionszeitraum zu erwartenden Einzahlungen abzüglich

3 Schritt 2 „Kurswertanalyse": Welche Chancen ...

der künftig im Investitionszeitraum zu erwartenden Auszahlungen. Für den Fall eines Aktienkaufs besteht die Anfangsauszahlung im Kaufpreis (ggf. zuzüglich Gebühren und Steuern). Die danach zu erwartenden Zahlungen sind die jährlichen Dividenden (ggf. abzüglich Steuern und Gebühren) im Anlagehorizont sowie zusätzlich zu der Dividende im letzten Jahr des Anlagehorizontes der erwartete Aktienkurs. Grob gesagt muss die Summe aus den erwarteten Einnahmen größer sein als der Kaufpreis. Dann ist der Kapitalwert größer Null, und das ist gut. Bevor wir nun einfach die Einzahlungen vom Kaufpreis abziehen, sind noch einige Überlegungen anzustellen, die bei der sachgerechten Anwendung der Kapitalwertformel helfen.

Stellen Sie sich einen sehr erheblichen Geldbetrag vor. Stellen Sie sich als Nächstes vor, dieser wäre Ihnen fest versprochen. Sie müssten nur für eine bestimmte Frist auf die Zahlung warten. Dann beeinflusst diese Frist doch wohl erheblich den tatsächlichen Wert dieses großen Geldbetrages. Je weiter diese Zahlung in die Zukunft verschoben wird, desto geringer wird ihr Wert. Wenn also eine weit in die Zukunft verschobene Zahlung weniger Wert hat als die Zahlung des gleichen Betrages heute, stellt sich die Frage, welchen Wert denn diese zukünftige Zahlung heute hätte. Und diese Frage beantworten wir, indem wir zukünftige Zahlungen abzinsen. Abzinsen ist das Gegenteil von aufzinsen, also verzinsen. Stellen wir uns vor, wie haben einen Kalkulationszinsfuß von 10 %, dann würden wir erwarten, dass unsere Aktie, die wir für einen Wert von € 1000,00 kaufen, in einem Jahr (t = 1) einen Wert von € 1100,00 erreicht. Wir rechnen

$$1000 \cdot 1{,}1$$

oder $A \cdot (1+r)^t$.

Das kleine t haben wir vielleicht übersehen, da es keine Rolle spielt, wenn wir etwas mit 1 potenzieren. Wollten wir jedoch wissen, welches Vermögen wir nach dem zweiten Jahr erwarten können, würde dieses t plötzlich wichtig. Wenn wir abzinsen, ist dieses kleine t negativ.[11] Damit erreichen wir die Umkehrung der Verzinsung. Nun können wir den **Barwert** einer zukünftigen Zahlung ermitteln; Barwert nennen wir den gegenwärtigen Wert einer zukünftigen Zahlung.

Nun interpretieren wir die Kapitalwertformel noch einmal und stellen fest, dass der Kapitalwert dann größer null ist, wenn die addierten Barwerte die Anfangsauszahlung (Kaufpreis ggf. zuzüglich Gebühren und Steuern) übersteigen. Und mit welchem Zins zinsen wir ab? Mit unserem Kalkulationszinsfuß. Da wir in diesem Zinsfuß alle unsere Ansprüche eingerechnet haben (unsere Finanzierungskosten, unser Risiko und unseren Gewinnanspruch) muss der Kapitalwert nicht unbedingt größer Null sein. Null reicht aus. Ist er aber kleiner Null, heißt das, dass unsere Ansprüche nicht gedeckt werden. Und das heißt: Die Aktie ist zu teuer – wir kaufen sie nicht. An dieser Stelle ist Disziplin gefragt. Mitunter ist ein Anleger verlockt, nachdem er festgestellt hat, dass der Kapitalwert negativ ist, seinen Anspruch zu senken. Aber dann kann er sich auch diese ganze Arbeit ersparen. Konsequenter Weise sollte er seine Aktien dann nach dem Zufallsprinzip auswählen.

In der Praxis werden wir mit einer Tabellenkalkulation arbeiten. Tab. 3.6 zeigt die Umsetzung der Gleichung.

Der Kapitalwert in unserem Beispiel ist positiv. Damit würde sich der Kauf der Aktie nach unserem Modell lohnen. Unser Interesse an dieser Aktie ist also gerechtfertigt.

Kaufen wir sie nun?

---

[11] Oder wir schreiben den Term $(1 + r)^{-t}$ in den Nenner (also $\frac{A}{(1+r)^t}$).

3 Schritt 2 „Kurswertanalyse": Welche Chancen ...

Tab. 3.6 Ermittlung des Kapitalwertes

t	0	1	2	3	4	5	6
Jahr	2019	2020	2021	2020	2023	2024	2025
Ereignis	Kauf der Aktie	Dividende	Dividende	Dividende	Dividende	Dividende	Dividende und Verkauf der Aktie
Zahlung	−100,00	5,00	6,00	7,00	5,67	5,44	121,40
Barwerte		4,64	5,17	5,59	4,2	3,74	77,47
Kapitalwert	0,81						

Bedenken wir: Unsere größte Sorge ist, der dümmste Aktienkäufer zu sein. Wir haben jetzt unser sehr bescheidenes Wissen zu der Aktie, die uns interessiert, zusammengetragen. Es gibt aber andere Investoren, die über mehr Wissen zu dieser Aktie verfügen. Und meistens haben diese anderen auch mehr Geld als wir. Müssen wir nun befürchten, dass diese Leute froh wären, uns ihre Stücke zu verkaufen, um sich günstige Kurse zu sichern und Gewinne zu realisieren? Das könnte bedeuten, dass wir die Letzten sind, denen diese Leute ihre Wertpapiere zu so einem für sie selbst günstigen Kurs verkaufen können. In diesem Fall wären wir nicht gut bedient. Und ganz klar muss ich gestehen, dass mir kein Mittel bekannt ist, einen solchen Fall gänzlich auszuschließen. Aber es gibt ein Mittel, um diese Gefahr zu minimieren, und das ist die Chartanalyse.[12]

---

[12] Als ein Beispiel, warum ein positiver Kapitalwert nicht zum Kauf einer Aktie führt, sei die Aktienanalyse des Autors mit dem Titel „Wer lange wartet, wird gern zum Narren gehalten" vom 17.04.2020 genannt. Die darin beschriebene Aktie kostete zum Zeitpunkt der Analyse € 2,364. Sie wurde bereits vorher am 07.02.2018 analysiert. Damals kostete diese Aktie € 4,24. Sie wurde nicht gekauft, obwohl der Kapitalwert positiv war.

4

Schritt 3: „Chartanalyse": Kaufzeitpunkt – Wie wird die Aktie sich entwickeln?

Zusammenfassung In diesem Kapitel wird die Chartanalyse als Mittel erschlossen, das Ergebnis der fundamentalen Aktienanalyse zu plausibilisieren. Damit kann das Risiko des Aktienkaufs weiter minimiert werden. Die Fundamentalanalyse bezieht sich immer auf einen Zustand, der in dem Moment, in dem die Analyse erstellt ist, der Vergangenheit angehört. Negative aktuelle Entwicklungen würden aber möglicherweise am Chart sichtbar und könnten von einem riskanten Aktienkauf abhalten. Dieser Abschnitt ist keine umfassende Darstellung der Chartanalyse, sondern fokussiert auf die Anforderungen an die Chartanalyse im Rahmen der vorgestellten Methode.

Bisher haben wir unsere Beispielaktie fundamental analysiert. Fundamentalanalyse wird die Analyse aufgrund des Jahresabschlusses und weiterer am Markt verfügbarer Daten genannt. Viele Fundamentalanalysten bestehen nach meinem Eindruck darauf, auch Interviews mit Entscheidungsträgern im Unternehmen führen zu müssen. Ansonsten erhielten diese Analysten kein korrektes Bild. Wir werden normalerweise diese Möglichkeit nicht haben. Aus meiner Erfahrung als Firmenkundenbetreuer einer Bank darf ich sagen, dass wir sie in der Regel auch nicht brauchen. Mit der Konzentration auf die Jahresabschlussanalyse einerseits, die Volatilität der Aktie anderseits und die für uns sehr wertvollen Erwartungen der Analysten können wir die Komplexität des Umfeldes der Aktie derart reduzieren, dass wir in der Lage sind, ein gut fundiertes Urteil zu treffen.

Eine noch viel radikalere Reduktion der Komplexität bietet die Chartanalyse. Bei der Chartanalyse schauen wir uns den Kurs der Aktie in der Vergangenheit an. Daraus versuchen wir, abzuleiten, wie die Stimmung der Marktteilnehmer bezüglich der Aktie wahrzunehmen ist. Es gibt viele Chartanalysten, die aus dem Chart heraus Kursziele bestimmen. Und manche machen das bestimmt auch sehr gut. Diese Kunst wird hier jedoch nicht besprochen. Wir nutzen die Chartanalyse als Mittel des Risikomanagements. Wir wollen vermeiden, dass wir die Dümmsten sind, die die Aktie kaufen.

4.1 Kaffeesatzleserei oder einzige Wahrheit?

Zwischen den Chartanalysten und den Fundamentalanalysten scheint ein wüster Streit zu toben. Wenn Sie Publikationen in Börsenportalen lesen, werden Ihnen immer wieder sehr absolut erscheinende Urteile der einen Analystengruppe über die andere begegnen. So wie ich die Debatte verstanden habe, ist es so, dass die Fundamentalanalysten den Chartanalysten vorwerfen, über etwas zu urteilen, wovon sie gar keine Ahnung haben. Sie sagen Preisbewegungen voraus, ohne sich für die dem Preis zugrunde liegenden Prozesse (Nachfragebewegungen, Wetterwandel, Verfügbarkeit von Rohstoffen oder Facharbeitern) zu befassen. Dagegen schauen Chartanalysten nur auf die Werte der Vergangenheit und versuchen daraus, Schlussfolgerungen für kommende Preisentwicklungen zu ziehen. Dagegen würden die Fundamentalanalysten akribisch die Daten, die zu einem Preis führen, auswerten, und könnten auf diese Art klare Kausalketten aufstellen.

Die Chartanalysten bestreiten nach meinem Verständnis nicht, dass sie sich zu Dingen äußern, von denen sie im Zweifel nicht viel mehr kennen als die Preisbewegungen der Vergangenheit. Sie werfen den Fundamentalanalysten vor, ihre Kausalketten stets zu spät zu präsentieren. So würden sie stets scheinbar ganz genau eine vergangene Preisbewegung erklären, aber nicht, wie sich diese Preisbewegung in der Zukunft fortsetzen wird. Und für dieses in den Augen der Chartanalysten ziemlich fruchtlose historische Studium scheint ihnen der Aufwand nicht gerechtfertigt. Ein guter Chartanalyst sieht mitunter mit einem Blick ein Bild, das er in seine Positionen umsetzen kann. Ein Fundamentalanalyst braucht fast immer mehr Zeit.

Interessanter als die Frage, welche Position gerechtfertigt ist, finde ich, dass es zwar sehr viele Bücher[1] über die Charttechnik und ihre Analyse gibt, aber meines Wissens keines davon zur „akademischen Literatur" zählt. Wer also seriöse wissenschaftliche Werke verfasst, wird keines dieser Bücher zur Stützung seiner Thesen heranziehen. Das ist bei der Fundamentalanalyse ganz anders. Für diesen Zweig ist eine ganze Reihe akademischer Literatur vorhanden. Warum der Fokus der Wissenschaft sich derart ausschließlich mit der Fundamentalanalyse begnügt, ist mir nicht deutlich. Aus

---

[1] Der Klassiker ist meines Erachtens „Die Technische Analyse der Finanzmärkte" von John J. Murphy. Da aus diesem Werk nicht zitiert wird, ist es nicht im Literaturverzeichnis enthalten.

meiner Sicht ist die Frage, mit welchem Risiko eine bestimmte Preiserwartung verbunden ist, durchaus auch akademisch berechtigt. Und zur Beantwortung dieser Frage wenden wir uns der Charttechnik zu.

4.2 Beispiel VW

Als Beispiel schauen wir uns einen sehr alten Chart von VW an (siehe Abb. 4.1).

Der Einbruch des Kurses der VW-Aktie im September 2015 war eine Folge der Veröffentlichung der Vorgänge um die Abgasmessungen, die in der Öffentlichkeit sehr kritisch aufgenommen wurden. Diese Veröffentlichung war ein fundamentales Ereignis, das damals bei vielen Anlegern zu einer Neubewertung der Geschäftsaussichten von VW führte. Wie im Chart zu erkennen, wurde jedoch der in diesem Chart höchste Kurs Ende März 2015 erreicht. Das bedeutet, dass bereits seit März die Verkäufe die Käufe überwogen. Ich kann es nicht beweisen, doch ich würde

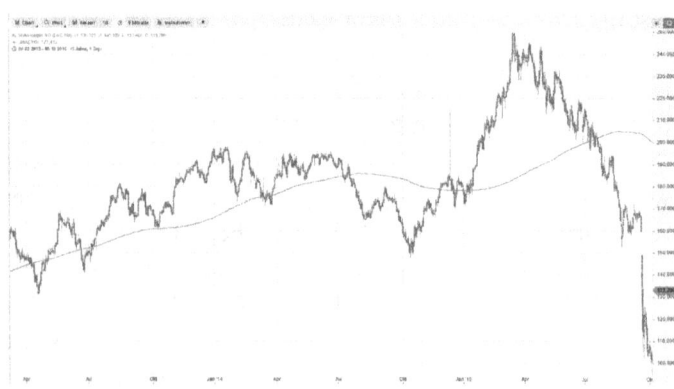

Abb. 4.1 VW-Chart bis Herbst 2015. (Quelle: Guidants, eigene Darstellung, erstellt am 02.08.2020)

4 Schritt 3: „Chartanalyse": Kaufzeitpunkt – Wie ...

behaupten, dass diese Verkäufe eher von den Haltern großer Pakete ausgelöst wurden, wogegen die Kleinsparer wohl eher erst im September überlegt haben, ob die VW-Aktie für sie eine gute Geldanlage sein könnte. Dass diese Halter großer Pakete bessere Möglichkeiten haben als Kleinsparer, sich beim Management über Chancen und Risiken zu informieren, dürfte nicht überraschen. Ebenso dürfte nicht überraschen, dass diese Investoren sehr professionell mit Risiken umgehen.

Betrachten wir nun dieses Chart. Wenn wir beim Aktienkauf vermeiden wollen, die dümmsten Aktienkäufer zu sein, dann wollen wir vermeiden, in eine ähnliche Situation zu kommen wie jene, in die die Käufer von VW-Aktien im März oder April 2015 gerieten. Denn über diese Käufer waren die Verkäufer der VW-Aktien sehr froh, wogegen die Käufer ihren Erwerb bald als äußerst unvorteilhaft erlebt haben.

An diesem Chart können wir einige grundlegende Möglichkeiten üben, einen Chart zu lesen. Wenn wir uns vorstellen, dass dieser Chart den Kursverlauf einer Aktie beschreibt, die wir sowohl aufgrund unserer Kennziffernanalyse als auch aufgrund des von uns vermuteten risikoadjustierten Gewinnpotenzials interessant finden,[2] und wir betrachten die Aktie im März oder April 2015, so ist die Frage, ob wir ein Warnsignal sehen können. Und dies ist so. Wir können es sehen.

Im Chart ist blau die 200-Tage-Linie eingezeichnet. Die 200-Tage-Linie beschreibt den Durchschnitt der Kursfeststellungen der letzten 200 Handelstage (also fast eines Jahres) und beschreibt so etwas wie einen längerfristigen Trend.[3] Eine

---

[2] Dazu sei angemerkt, dass Studenten in Vorlesungen, die ich zu diesem Thema halten durfte, einige Male VW analysierten. Bei diesen Analysen kam nicht heraus, dass eine Investition in VW-Aktien interessant sei.

[3] Die im Chartbild auf der rechten Skala rot markierte Anzeige von 133,20 ist der von Guidants angegebene Schlusskurs der Aktie ((WKN 766400, Handelsplatz L&S, Geldkurs) vom 31.07.2020).

ansteigende 200-Tage-Linie beschreibt also einen aufsteigenden Trend, eine sinkende einen fallenden. Nun, die Linie war ansteigend, dieses Signal hätte uns also nicht vom Kauf abgehalten. Jedoch ist die Abweichung von der 200-Tage-Linie ebenso interessant. Wenn wir uns eine Normalverteilung vorstellen (siehe Abb. 3.2), dann fällt uns auf, dass Kurse in der Nähe des Durchschnittes häufiger zu erwarten sind als weit davon abweichende Kurse. Wenn also weit vom Durchschnitt abweichende Kurse auftreten, so ist es möglicherweise vernünftig, für die Zukunft näher am Durchschnitt liegende Kurse zu erwarten.[4, 5] Wir hätten also den sehr großen Abstand von der 200-Tage-Linie gesehen und hätten möglicherweise einen Kauf zurückgestellt (das ist ein unschlagbarer Vorteil gegenüber einem Sparplan, z. B. in einem ETF).

4.3 Einfach und langweilig: das Linienchart

Ein Chart lässt sich ganz einfach zeichnen, indem die Preisfeststellungen miteinander verbunden werden. Bei Aktien kommt es häufig zu vielen Preisfeststellungen an einem Tag.

---

[4] Mit den Bollinger-Bändern wird genau dieses Phänomen visualisiert. Siehe hierzu Rene Berteit, Bollinger Bänder – Der maximale Bewegungsspielraum für die Kurse auf www.godmode-trader.de, https://www.godmode-trader.de/know-how/bollinger-baender-der-maximale-bewegungsspielraum-fuer-die-kurse,3867846, Abruf am 07.05.2020.

[5] Statistiker werden dieser These entgegnen, dass die Kursbildung ein zufälliges Ereignis und damit nicht vorhersagbar sei. So ähnlich, wie es beim Würfelspiel auch nach drei Würfen der Sechs für den vierten Wurf gleich wahrscheinlich bleibt wie beim ersten Wurf, wieder sechs Augen zu würfeln. Dennoch bleibt die Wahrscheinlichkeit genauso hoch, wie für eine Eins und wird sich über eine Spielfolge, die lang genug ist, erkennen lassen. Für weitere Ausführungen zu Wahrscheinlichkeitsbetrachtungen sei das Studium folgenden Werkes empfohlen: Peter L. Bernstein, Wider die Götter. Die Geschichte von Risiko und Risikomanagement von der Antike bis heute.

4 Schritt 3: "Chartanalyse": Kaufzeitpunkt – Wie ...

Also werden üblicherweise die Schlusskurse der Aktien miteinander verbunden. Dies ergibt ein Linienchart.

Das Beispiel zeigt zunächst eine Kurstabelle (Tab. 4.1) über 10 Handelstage.

Die Verbindung der Werte in Tab. 4.1 zu einer Linie ergibt das Chart in Abb. 4.2.

Aus diesem Chart entnimmt der geübte Betrachter einen Aufwärtstrend, sonst nichts. Ein solcher Linienchart ist geschwätzig, verschweigt aber auch sehr viel. Er eignet sich

Tab. 4.1 Schlusskurse von 10 Handelstagen, eigene Darstellung

Datum	Schlusskurs
04.05.2020	10,05
05.05.2020	10,2
06.05.2020	10,35
07.05.2020	10,7
08.05.2020	11,3
11.05.2020	10,95
12.05.2020	11,25
13.05.2020	11,55
14.05.2020	11,75
15.05.2020	11,6

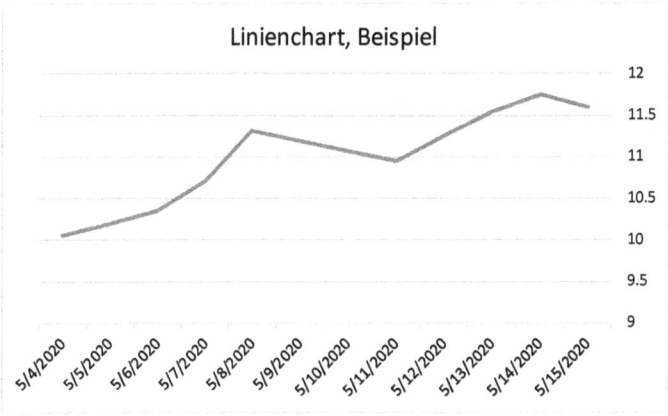

Abb. 4.2 Beispiel Linienchart, eigene Darstellung

dann, wenn es nicht sehr viele Kursfeststellungen gibt, die Aktie also gar nicht häufig gehandelt wird. Bei solchen Aktien sollten wir uns allerdings fragen, ob wir sie wirklich wollen. Immerhin kann es gut passieren, dass wir sie verkaufen wollen und keinen Käufer finden. Grundsätzlich sollten wir uns Aktien aussuchen, für die an uns gut zugänglichen Handels- oder Börsenplätzen genügend Aktien umgesetzt werden, um unsere eventuelle Position auch jederzeit veräußern zu können.

Um einen Linienchart besser beurteilen zu können, zeichnen wir einen gleitenden Durchschnitt ein. In der Praxis wird häufig die 200-Tage-Linie als gleitender Durchschnitt der letzten 200 Handelstage gewählt. In unserem Beispiel wird der gleitende Durchschnitt der jeweils letzten drei Handelstage gebildet und in das Diagramm eingezeichnet.

Tab. 4.2 zeigt die Veränderungen.

Abb. 4.3 zeigt die Veränderung in unserem Linienchart.

Dieses Chart bietet folgende Sichtweise an: Im Wesentlichen lagen die Kurse in der Vergangenheit über dem gleitenden Durchschnitt, was für einen sich beschleunigenden Aufwärtstrend spricht. Der letzte Kurs liegt jedoch leicht

Tab. 4.2 Schlusskurse und gleitender Durchschnitt, eigene Darstellung

Datum	Schlusskurs	Gleitender Durchschnitt
04.05.2020	10,05	
05.05.2020	10,2	
06.05.2020	10,35	10,20
07.05.2020	10,7	10,42
08.05.2020	11,3	10,78
11.05.2020	10,95	10,98
12.05.2020	11,25	11,17
13.05.2020	11,55	11,25
14.05.2020	11,75	11,52
15.05.2020	11,6	11,63

4 Schritt 3: „Chartanalyse": Kaufzeitpunkt – Wie ... 79

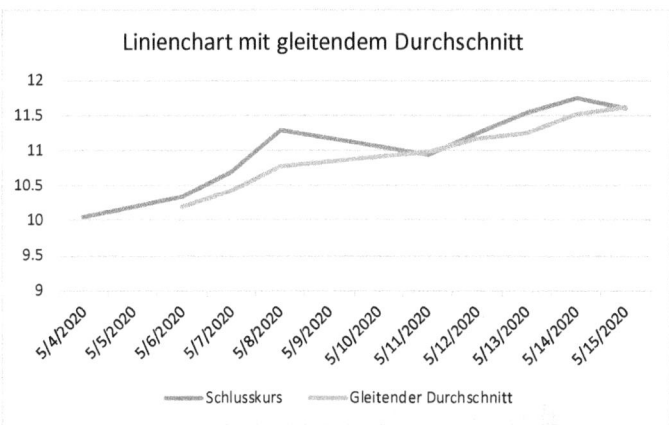

Abb. 4.3 Linienchart mit gleitendem Durchschnitt, eigene Darstellung

unter dem gleitenden Durchschnitt. Dies ist ein Signal, dass der Aufwärtstrend an Geschwindigkeit verliert.

Wenn der gleitende Durchschnitt der letzten drei Handelstage herangezogen wird, hat dieser Durchschnitt kaum eine andere Aussage als das Linienchart selbst. Dies ist bei dem gleitenden Durchschnitt der letzten 200 Tage schon anders. Diese Linie hat einen anderen Charakter als das Linienchart. Durch Betrachtung dieser 200-Tage-Linie wird es leichter, uns eine Meinung zum Linienchart zu bilden. Dabei wählen wir einen eher langfristigen Betrachtungszeitraum, also ein Jahr oder drei Jahre.

Wir üben das an einem Beispiel:

Als Aktie wählen wir *adidas* (WKN A1EWWW).[6] Das Chart erstellte ich mit Hilfe von Guidants (https://go.guidants.com/de/) am 02.08.2020 per 31.07.2020; es umfasst die letzten drei Jahre (siehe Abb. 4.4).

---

[6] WKN steht für Wertpapierkennnummer. Jedes an einer deutschen Börse gehandelte Papier hat eine solche Wertpapierkennnummer.

Abb. 4.4 Linienchart Adidas mit 200-Tage-Linie über drei Jahre. (Quelle: https://go.guidants.com/de/, Abruf am 02.08.2020)

In diesem Chart zeigt die 200-Tage-Linie bis Anfang März 2020 aufwärts. Deutlich zu sehen ist, dass die Chartlinie die 200-Tage-Linie bereits vorher scharf unterboten hatte. In diesem Fall war dieses Unterbieten der 200-Tage-Linie ein deutliches Warnsignal. In anderen Fällen war dies nicht der Fall wie Anfang 2018 oder Anfang 2019 (siehe Abb. 4.5).

Ein Signal, dass einen Anleger eventuell vorsichtig stimmen sollte, war die Tatsache, dass sich im zweiten Halbjahr 2019 der Abstand zur 200-Tage-Linie vergrößerte. Der Aufwärtstrend beschleunigte sich also. Und in dem Moment, in dem sich der Abstand durch die ansteigende 200-Tage-Linie verkleinerte, kam es zu einer erneuten Beschleunigung der Aufwärtsbewegung. Meines Erachtens ist es in der jeweiligen Situation nicht möglich, einen derart starken Kursrückgang wie im Februar und März 2020 vorherzusehen. Mir halfen jedoch folgende Hinweise (s. Abb. 4.6), die mich zum Jahresbeginn 2020 hoffentlich von einem Kauf von Adidas-Aktien abgehalten oder zu deren Verkauf geführt hätten (ich hatte in diesem Zeitraum keine Adidas-Aktien):

4 Schritt 3: „Chartanalyse": Kaufzeitpunkt – Wie ...

Abb. 4.5 Linienchart Adidas mit markierten Schnittpunkten der 200-Tage-Linie. (Quelle: https://go.guidants.com/de/, Abruf am 02.08.2020)

Abb. 4.6 Linienchart der Aktie Adidas mit eingezeichneten Warnsignalen. (Quelle: https://www.onvista.de/aktien/chart/Adidas-Aktie-DE000A1EWWW0, Abruf am 02.08.2020)

1. Am 08. Mai 2019 war ein erstes Maximum im Abstand von der 200-Tage-Linie zu sehen.
2. Am 31. Juli 2019 wurde dieses Maximum stark übertroffen. Obwohl es anschließend zu einem starken Rückgang des Kurses der Aktie kam, blieb der Abstand zur 200-Tage-Linie vergleichsweise hoch.
3. Zwischen dem 08. Dezember 2019 und dem 21. Februar 2020 bildete sich eine Schulter-Kopf-Schulter-Formation (S-K-S) heraus, die häufig auf schnell fallende Kurse hinweist.[7, 8]

Abgesehen davon schützt die im Abschnitt Fundamentalanalyse beschriebene Methode meist sehr gut vor dem Kauf solcher Aktien, da solche Aktien häufig nach den beschriebenen Kriterien zu teuer sind. Der nach unserer Methode ermittelte Kapitalwert ist häufig bei solchen Werten negativ.

Mit dieser Übung konnten wir erleben, dass ein langfristiger Linienchart uns viel über eine Aktie erzählt. Wenn wir lernen zuzuhören, wird er uns in zumindest einigen Fällen vor Fehlkäufen bewahren.

4.4 Besonders und lang erprobt – Candlesticks

Candlesticks oder Kerzen entstehen, indem zusätzlich zum Schlusskurs, der im Linienchart verwendet wird, auch der Eröffnungskurs sowie der höchste und auch der niedrigste Kurs in ein Bild eingetragen werden. Häufig wird so ein

---

[7] Der dann einsetzende wasserfallartige Kursrückgang steht im Zusammenhang mit dem Ausruf der Pandemie aufgrund der Corona-Situation im Jahr 2020.

[8] Eine Beschreibung der Schulter-Kopf-Schulter-Formation befindet sich zum Beispiel hier: https://www.godmode-trader.de/know-how/1-9-5-schulter-kopf-schulter-formation-trendwendeformation,3733868.

Bild (eine Kerze) für einen Tag erstellt. Jedoch definiert der Anwender der Methode den Zeitraum, der in einer Kerze abgebildet wird.

Die Candlesticks werden in Japan schon sehr lange zur Interpretation von Marktbewegungen verwendet. Es wird angenommen, dass der japanische Reishändler Munehisa Homma (1724–1803) diese Methode zum ersten Mal beschrieben hat.[9] Außerhalb Japans hat sich diese Methode der Chartanalyse erst in den 80er-Jahren allgemein verbreitet – weil dank der Informationstechnologie nun die erforderliche Datenhaltung möglich war.

Welche Informationen enthält ein Candlestick?
Ein Candlestick wird für eine Beobachtungsperiode, zum Beispiel einen Handelstag, gezeichnet. Dieser Handelstag wird mit einem Kurs eröffnet und häufig mit einem anderen geschlossen, da Anleger und Marktteilnehmer die im Tagesverlauf eintreffenden Nachrichten interpretieren und in Käufe oder Verkäufe umsetzen.[10] Liegt der Schlusskurs über dem Eröffnungskurs, wird die Kerze grün oder weiß gezeichnet; liegt der Schlusskurs unter dem Eröffnungskurs, ist sie rot oder schwarz.[11] Ist bei ansteigenden Kursen, also weißen oder grünen Kerzen, der Eröffnungskurs nicht der niedrigste des Handelstages, entsteht ein Docht nach unten. Das Kursminimum des Tages wird mit einer dünnen Linie mit dem Kerzenkörper verbunden. Ist der Schlusskurs

---

[9] Siehe Balsinger, Peter, Homma Munehisa: Der Erfinder der Candlestick-Charts, https://www.boerse-online.de/nachrichten/aktien/homma-munehisa-der-erfinder-der-candlestick-charts-1028918383, 21.02.2020, abgerufen am 10.06.2020.

[10] Bei wenig gehandelten Aktien oder Wertpapieren oder an Börsen mit geringerer Bedeutung gibt es mitunter nur eine Preisfestsetzung täglich. In solchen Fällen bietet die Betrachtung von Candlesticks keinen Vorteil.

[11] Im alten Japan wird man wohl weiß (also nicht mit Tinte ausgemalt) und schwarz (also mit Tinte ausgemalt) verwendet haben. Heute definiert dies der Designer oder der Nutzer eines Chartprogramms.

des Tages nicht der höchste an diesem Tag gehandelte Kurs, wird dieses Kursmaximum ebenso mit dem Kerzenkörper verbunden. So werden diese Kerzen sehr geschwätzig. Dies schauen wir uns an einigen Beispielen an. Diese Beispiele wurden von mir zu diesem Zweck konstruiert und bilden keine echten historischen Kursbewegungen ab.

Wir schauen uns die beispielhafte Kurstabelle Tab. 4.3 an.

Im Tageschart ergäbe diese Kursentwicklung ein unruhiges Bild (siehe Abb. 4.7).

Wir sehen, dass der Kurs dieses Wertpapiers zwischen 100 (Minimum) und 150 (Maximum) oszilliert. Als Candlestick würden wir uns statt der in obiger Tabelle verzeichneten 36 Werte mit nur vier Werten begnügen: dem Eröffnungswert, dem Schlusswert, dem Maximum und dem Minimum.

Daraus ergäbe sich das Bild in Abb. 4.8.

Tab. 4.3 Beispielkurse eines Handelstages, eigene Darstellung

Uhrzeit	Kurs	Uhrzeit	Kurs
09:00	118,000	13:30	122,000
09:15	100,000	13:45	137,000
09:30	116,000	14:00	102,000
09:45	104,000	14:15	147,000
10:00	128,000	14:30	100,000
10:15	101,000	14:45	135,000
10:30	100,000	15:00	126,000
10:45	142,000	15:15	129,000
11:00	146,000	15:30	136,000
11:15	102,000	15:45	130,000
11:30	103,000	16:00	111,000
11:45	112,000	16:15	131,000
12:00	102,000	16:30	122,000
12:15	125,000	16:45	148,000
12:30	102,000	17:00	135,000
12:45	150,000	17:15	109,000
13:00	144,000	17:30	126,000
13:15	115,000	17:45	146,000

4 Schritt 3: „Chartanalyse": Kaufzeitpunkt – Wie ...

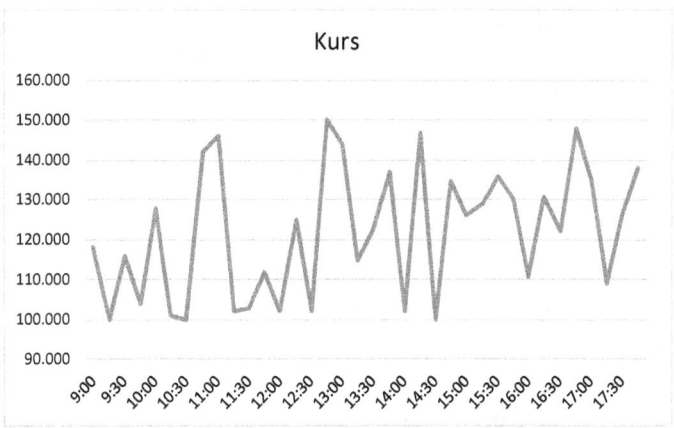

Abb. 4.7 Beispiel: Kursentwicklung

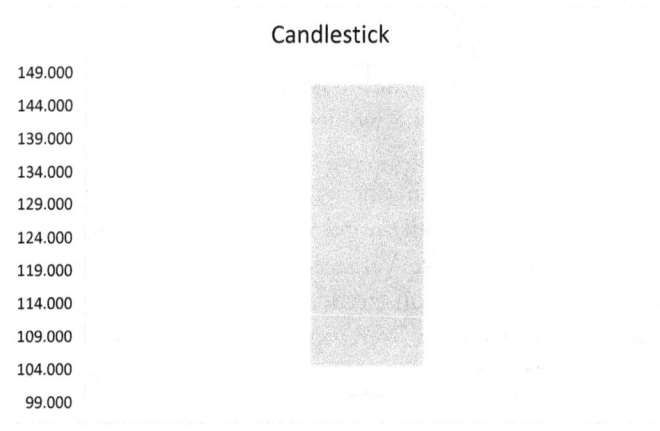

Abb. 4.8 Beispiel: Candlestick 1

Die Information aus dem Tageschart ist nun stark verdichtet und damit übersichtlicher. Aus dem Kerzendiagramm (Abb. 4.8) lässt sich ablesen, dass der Kurs grundsätzlich stieg. Dies zeigt die grüne (bzw. hellgraue) Farbe des Kerzenkörpers an. Irgendwann am Handelstag kam es jedoch zu einem niedrigeren Kurs als dem Eröffnungskurs. Es gab also Anleger, die es sinnvoll fanden, das Wertpapier zu verkaufen und dabei sogar einen gegenüber dem Eröffnungskurs niedrigeren Kurs zu akzeptieren. Dieser niedrigere Kurs wurde offenbar von anderen als sehr attraktiv angesehen, so dass diese Marktteilnehmer das Wertpapier kauften. Dabei kam es zur Ausbildung eines Kursmaximums, das offenkundig auf viele Anleger sehr reizvoll wirkte, um Gewinne zu realisieren. So ging der Kurs bis zum Handelsschluss wieder etwas zurück. Diese eine Abbildung in Form einer Kerze kann uns also ungefähr genauso viel erzählen wie der dazugehörende Tageschart. Dafür sind verwirrende Details auf ein Viereck (Kerzenkörper) mit maximal zwei Dochten, (Verbindungslinien zum Maximum oder Minimum) verdichtet. Je nach Kursverlauf an den einzelnen Handelstagen variieren die Kerzenformen. Es leuchtet ein, dass die Anleger sich bei der Kerzenform in Abb. 4.8 wohler fühlen als beim Anblick des Diagramms in Abb. 4.7.

Der Candlestick in Abb. 4.9 ist rot bzw. schwarz. Der Schlusskurs liegt (weit) unter dem Eröffnungskurs. So ein Bild zeigt eine starke Verunsicherung der Anleger an. In einer solchen Situation streben sie nach Risikominderung, also dem Verkauf des Wertpapiers. Da die Verunsicherung und das daraus folgende Streben nach Risikominderung offensichtlich viele Anleger ergriffen haben, müssen immer niedrigere Preise akzeptiert werden, um das Ziel der Risikominderung zu erreichen. Während der Börsensitzung war vielen Anlegern scheinbar völlig egal, zu welchem Kurs sie verkaufen konnten. Schließlich fanden sich jedoch Anleger, die einen derart stark gefallenen Kurs interessant fanden und begannen, das Wertpapier zu kaufen. Die Verunsiche-

4 Schritt 3: „Chartanalyse": Kaufzeitpunkt – Wie ...

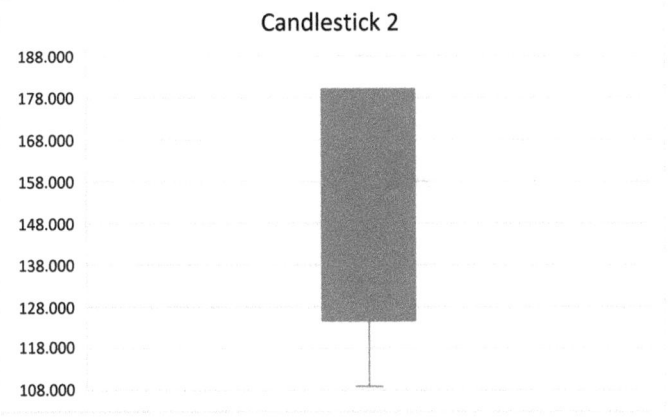

Abb. 4.9 Beispiel: Candlestick 2

rung wich dem Erkennen von Chancen. Somit liegt der Schlusskurs immerhin über dem Kursminimum.

Bei einem solchen Kursmuster wäre es sehr plausibel, wenn es gravierend erscheinende Nachrichten zu dem Emittenten gäbe (ein Unglück, Geschäftseinbrüche, Streik usw.). Von der Hoffnung, die einige Anleger offenkundig haben, würde man hingegen kaum Berichte finden. Somit ist es interessant, solche Kursbewegungen weiter zu beobachten. Mitunter findet man auf diese Weise Wertpapiere, die ihr Kursminimum zumindest auf kurze Sicht überwunden haben. Diese Kerze kann man sich auch umgekehrt vorstellen. Der Docht würde dann ein Kursmaximum beschreiben, dass viele Anleger zum Verkauf animiert. In einem solchen Fall scheint es mir ratsam, vor einem Kauf die weitere Kursbewegung abzuwarten. Das Risiko, dass die Verkäufer weiter in der Überzahl bleiben, wäre mir zu hoch.

Abb. 4.10 zeigt eine konstruierte Folge von Candlesticks.

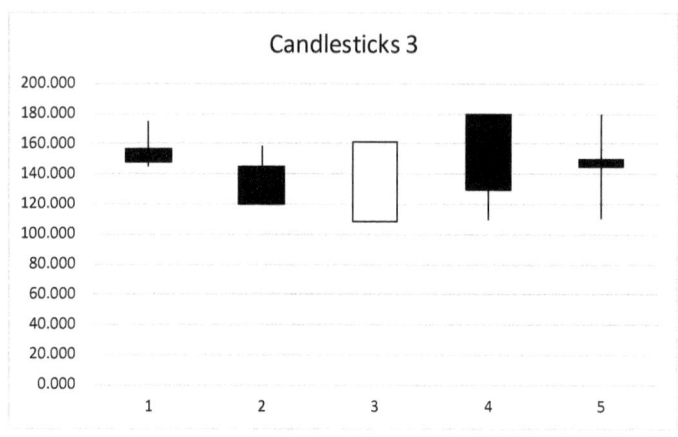

Abb. 4.10 Beispiel: Candlesticks 3

Die Folge von Candlesticks wie in Abb. 4.10 dargestellt zeigt keinen tatsächlichen Kursverlauf. Statt dessen wurde sie mit Zufallszahlen erstellt.

Tag 1 zeigt eine Tageskerze, die weiter fallende Kurse erwarten ließe. Der Eröffnungskurs wurde zunächst deutlich sichtbar überboten und stieg auf ein Niveau, das viele Anleger zu Gewinnmitnahmen veranlasste. In der Folge fiel der Kurs auf ein deutlich sichtbares Tief. Dieser Tagestiefstkurs lud einige Anleger wieder zu Käufen ein. Jedoch führten diese Käufe nur bis fast an den Eröffnungskurs heran. Dies lässt sich derart interpretieren, dass viele Anleger den Tageshöchstkurs zu hoch empfinden und der Aktie auf diesem Kursniveau lieber fernbleiben. Bestätigt wird dieses Kursbild durch die Kerze von Tag 2. Auch hier erfolgt nach der Eröffnung ein Kursanstieg, der zu Gewinnmitnahmen einlädt. An diesem Tag ist der Schlusskurs gleichzeitig der niedrigste Kurs des Handelstages. Auch auf eine solche Kerze folgen häufig (nicht immer!) fallende Kurse. Tag 3 zeigt ein Beispiel für eine Trendwende. Nach einem gegenüber dem Schlusskurs von Tag 2 niedrigeren Eröffnungskurs steigt der Kurs über den ganzen Handelstag an und schließt auf dem Tageshöchstkurs. Eine solche Kerze ist oft Ausdruck für eine optimistische Stimmung. Dies scheint sich in der Eröffnung von Tag 4 zu zeigen, die über dem Schlusskurs von Tag 3 liegt. Nach der Eröffnung setzen jedoch Gewinnmitnahmen ein, die zum Tagestiefstkurs führen. Dieses Kursniveau lädt viele Anleger wieder zum Kauf ein, weshalb der Kurs deutlich ansteigt, auch wenn der Eröffnungskurs nicht erreicht wird. Ein solches Bild würde weiter steigende Kurse in der Zukunft erwarten lassen (was aber nicht sicher ist). Die Kerze des Tages 5 zeigt einen Eröffnungskurs über dem Schlusskurs von Tag 4. Danach setzt ein relativ starker Kursanstieg ein, der zu relativ starken Gewinnmitnahmen bis zum Tagestiefstkurs führt. An diese Abwärtsbewegung schließen sich wieder Käufe an, die fast bis zum Eröffnungskurs führen. Solche Kerzen zeigen eine gewisse Verunsicherung bei den Anlegern über den tatsächlichen Wert der Aktie an. Häufig treten solche Tageskerzen am Abschluss einer Aufwärts- oder Abwärtsbewegung auf und lassen eine Veränderung der Trendrichtung vermuten (nicht sicher!).[12] Die Farbe der Kerze ist in diesem Fall egal, es ist also nicht erheblich, ob der Schlusskurs (geringfügig) über oder unter dem Eröffnungskurs liegt.

Diese Beispiele sollen als Beleg dafür genügen, dass es sich lohnt, sich neben oder anstelle von Liniencharts auch Candlesticks anzuschauen und dem Geschwätz der Candlesticks zu lauschen.

---

[12] Ich schreibe dies als subjektive Erwartung auf, da ich keine statistische Auswertung heranziehen kann, die ein solches Kursmuster auswertet. Jedoch hat sich diese Haltung meiner Meinung nach als Vorteil erwiesen.

4.5 Indikatoren – die langweiligen reichen aus[13]

Für Anleger ist nicht so sehr interessant, wie der Kurs verlaufen ist, sondern natürlich viel interessanter, wie er verlaufen wird. Um zu fundierten Haltungen über den künftigen Kursverlauf zu kommen, wurden im Laufe der Geschichte des Börsenhandels viele Indikatoren entwickelt. Zwei wichtige Gruppen von Indikatoren sind dabei die **Trendfolger** und die **Oszillatoren**. Mit Trendfolgern soll herausgefunden werden, ob auf eine Fortsetzung des Trends gesetzt werden kann oder mit einem Trendwechsel gerechnet werden muss. Oszillatoren sollen Über- oder Untertreibungen von Kursen anzeigen. Die Idee eines Oszillators ist grob gesagt die, dass die Kurse um einen dem Wertpapier tatsächlich innewohnenden Wert schwanken. Mit einem Oszillator wird diese Schwankung bewertet. Übertreibungen in beide Richtungen fallen dadurch auf.

In der Folge befassen wir uns ein wenig mit zwei Indikatoren, der Moving Average Convergence Divergence (MACD) als Trendfolger und dem Relative Stärke Index (RSI) als Oszillator.

4.6 Moving Average Convergence Divergence (MACD)

Bei der Beschreibung des Liniencharts (s. Abschn. 4.3) wurde ein gleitender Durchschnitt eingefügt, um das Erkennen von Trendrichtungen zu erleichtern. Interessant wäre aber auch das Erkennen eines Trendwechsels oder der

---

[13] Für einen kurzen Überblick zur Chartanalyse reicht vielleicht folgende Quelle:https://www.focus.de/finanzen/boerse/serie-aktien-fuer-anfaenger-teil-7-chartanalyse-wie-sie-die-kursschwankungen-einer-aktie-richtig-lesen_id_9241549.html.

4 Schritt 3: „Chartanalyse": Kaufzeitpunkt – Wie ...

Stärke eines Trends. Hilfreich ist hierfür schon das Verwenden eines zweiten gleitenden Durchschnitts. Das schauen wir uns am Beispiel eines Charts des S&P 500 an, einem Aktienindex, der 500 an der New Yorker Aktienbörse gehandelten Werte enthält.

In Abb. 4.11 sehen wir neben der blauen Linie, die den Kurs des S&P 500 beschreibt, zwei weitere Linien, die im Chart als SMA bezeichnet werden. SMA steht für den einfachen gleitenden Durchschnitt. Dieses Chart zeigt neben der 200-Tage-Linie noch die 38-Tage-Linie, die einen kürzeren Zeitraum umfasst.

In diesem Chart liegt bis November 2018 die 38-Tage-Linie über der 200-Tage-Linie. Der Aufwärtstrend war also trotz der Schwankungen Anfang 2018 stark. Am 21. November 2018 schnitten sich die beiden Linien. Der Aufwärtstrend war also beendet. Am 18. März 2018 schnitt die 38-Tage-Linie die 200-Tage-Linie von unten. Das bedeutet, dass ein neuer Aufwärtstrend erkennbar ist. Nach diesem

Abb. 4.11 Kursverlauf des S&P 500 der letzten 3 Jahre, Chart erstellt mit Onvista (https://www.onvista.de/index/chart/S-P-500-Index-4359526) am 18.06.2020

einfachen Indikator wäre dieser Trend am 19. März 2020 beendet. Die 38-Tage-Linie hat die 200-Tage-Linie von oben geschnitten. Am 17.06.2020 endet der Chart. Zu diesem Zeitpunkt würde man ein erneutes Schneiden der 200-Tage-Linie durch die 38-Tage-Linie von unten nach oben erwarten, also den Beginn eines neuen Aufwärtstrends.

Auf den ersten Blick wirken die Signale plausibel. Beim genaueren Hinsehen (siehe Abb. 4.12) stellt der geneigte Betrachter jedoch fest, dass das Verkaufssignal vom 19.03.2020 mit dem nahezu tiefsten Kurs der Abwärtsbewegung (2409,39 gemäß Onvista) zusammenfällt. Das Signal kam zu spät für einen sinnvollen Ausstieg. Ganz im Gegenteil zeigt sich im Nachhinein, dass dieser Tag, der 19.03.2020, eher ein sinnvoller Tag für einen Kauf gewesen wäre.

Sein Tief in dieser Phase erreichte der S&P 500 am 23.03.2020 mit 2237,4. Danach stieg der Kurs des S&P 500 sehr stark an (Abb. 4.13).

Abb. 4.12 S&P 500 mit Kurs am 19.03.2020. (Quelle: https://www.onvista.de/index/chart/S-P-500-Index-4359526)

4 Schritt 3: „Chartanalyse": Kaufzeitpunkt – Wie ...

Abb. 4.13 S&P200 mit Kurs am 23.03.2020, abgerufen am 19.06.2020. (Quelle: https://www.onvista.de/index/chart/S-P-500-Index-4359526)

In der Praxis ist ein solcher Tiefpunkt nach meiner Erfahrung nur selten für einen glücklichen Einstieg zu finden. Ein solcher Tag ist häufig mit sehr emotionalen und nahezu panisch wirkenden Kommentaren in den Medien begleitet, so dass die Verunsicherung der Anleger sehr groß ist. Wir würden nach unserem System an solchen Tagen kaum kaufenswerte Aktien finden. Begründet ist dies in der Volatilität, die in solchen Phasen der starken Abwärtsbewegung ansteigt und die Risikoprämie, die wir nach unserem Bewertungssystem fordern, in die Höhe treibt. Selbst habe ich ab dem 24.03.2020 begonnen, wieder Aktien zu kaufen.

Wir können also feststellen, dass die Beobachtung zweier gleitender Durchschnitte eine gute Methode ist, um festzustellen, ob ein Trend intakt ist oder ob er wechselt. Jedoch reagieren die gleitenden Durchschnitte träge. Damit laufen wir Gefahr, Trendwechsel zu spät zu erkennen.

Hier soll der **MACD** Abhilfe schaffen. Der Erfinder des MACD, Gerald Appel, hat die Beobachtung der gleitenden

Durchschnitte weiterentwickelt. Zunächst werden in der von ihm beschriebenen Standardeinstellung wesentlich kürzere Zeiträume für die Bestimmung der gleitenden Durchschnitte ausgewählt, nämlich 26 Handelstage und 12 Handelstage. Diese werden noch exponentiell gewichtet. Damit wird erreicht, dass die jeweils aktuelleren Kurse mit einem höheren Gewicht in den Durchschnitt eingehen als die weiter in der Vergangenheit liegenden. Nun werden nicht einfach diese Linien in den Chart eingezeichnet, sondern es wird die Differenz aus den Durchschnittswerten der letzten 12 und der letzten 26 Tage gebildet. Diese Differenz wird MACD-Linie genannt. Ist die Differenz positiv, würde die 12-Tage-Linie über der 26-Tage-Linie liegen. Aus unserer Übung mit der 38-Tage-Linie und der 200-Tage-Linie wissen wir, dass wir einen Aufwärtstrend haben, wenn der gleitende Durchschnitt der kürzeren Periode über dem gleitenden Durchschnitt der längeren Periode liegt. Die Differenz zwischen dem Wert des gleitenden Durchschnitts der kürzeren Periode und dem Wert des gleitenden Durchschnitts der längeren Periode ist dann positiv. Diese Erkenntnis wenden wir jetzt an und schließen daraus, dass ein positiver Wert der MACD-Linie bedeutet, dass der analysierte Wert einen Aufwärtstrend aufweist. Ist der Wert der MACD-Linie negativ, würden wir auf einen Abwärtstrend schließen. Jeweils beim Schneiden der Null-Linie würden wir also einen Trendwechsel vermuten.

Dieses Bild können wir noch weiterentwickeln. Von so einer MACD-Linie kann ja auch ein gleitender Durchschnitt ermittelt werden. Herr Appel wählte den exponenZtiell gleitenden Durchschnitt der letzten neun Tage. Damit haben wir zwei Linien, die MACD-Linie und die **Signallinie**, so wird die Linie der gleitenden Durchschnitte der letzten neun Tage genannt. Die Signallinie ist als gleitender Durchschnitt eine träge Linie, um die sich die

MACD-Linie bewegt. Und wieder gilt: Ist die Differenz aus MACD und Signallinie negativ, ist mit fallenden Kursen zu rechnen, ist diese Differenz positiv, so kann mit steigenden Kursen gerechnet werden. Ist diese Differenz Null, haben wir ein Kaufsignal (bei zuvor negativer Differenz) oder ein Verkaufssignal (bei zuvor positiver Differenz). Diese Differenz wird ins Chart häufig als „Histogramm" eingetragen. Ein vom Betrag[14] her steigendes Histogramm bedeutet, dass sich der Trend verstärkt, ein vom Betrag her fallendes Histogramm, dass sich der Trend abschwächt. Abb. 4.14 zeigt den MACD.

Abb. 4.14 S&P 500 mit 38-Tage-Linie und 200-Tage-Linie sowie MACD. (Quelle: https://www.onvista.de/index/chart/S-P-500-Index-4359526, Abruf am 19.06.2020)

---

[14] Betrag ist hier mathematisch gemeint, der Betrag von −7 ist also größer als der von 3.

Leicht lässt sich ablesen, dass der MACD uns viel mehr erzählt als die beiden gleitenden Durchschnitte. Viel häufiger werden Trendwechsel angezeigt. Und das Histogramm teilt uns mit, dass die Trends nicht so sehr stark ausgebildet waren und aktuell auch nicht mehr sind. Das Verkaufssignal am 21.02.2020 kam wesentlich zeitiger als der Schnittpunkt der 38-Tage-Linie mit der 200-Tage-Linie und hätte zu einem sinnvollen Ausstiegszeitpunkt geführt. Eventuelle Gewinne wären zum großen Teil realisiert worden. Bereits am 26.03.2020 kam es wieder zu einem Kaufsignal, dessen Umsetzung zu großen Gewinnchancen geführt hätte. Und dieser zunächst sehr starke Aufwärtstrend schwächte sich ab, führte zu einer Phase der Seitwärtsbewegung, in der der MACD keine starken Signale liefern konnte (das Histogramm weist kleine Beträge auf), bis es zuletzt am 11.06.2020 wieder zu einem Verkaufssignal kam. Diese beiden Signale vom 21.02.2020 und vom 26.03.2020 zeigen sehr schön die Stärken des MACD. Voraussetzung hierfür sind sehr starke Kursbewegungen. Je kleiner die Kursbewegung ist, desto schwieriger sind die Signale umzusetzen. Anhand von kleinen Beträgen im Histogramm zeigt der MACD jedoch an, dass die Signale eher schwach sind.

Der MACD bietet also eine Vielzahl von beachtenswerten Signalen, die zu ignorieren aus meiner Sicht ungünstig wäre. An dieser Stelle muss jedoch erwähnt werden, dass der MACD auch Fehlsignale liefert. Es ist nicht so, dass einfach gemäß dem MACD Geld eingesetzt werden kann und gewonnen wird. Zudem ist der MACD ein sehr stark beachteter Indikator. In vielen Publikationen, die Börsencharts anzeigen, werden die Charts mit dem MACD angezeigt. Die Erfahrung zeigt, dass ein Indikator umso mehr Fehlsignale erzeugt, je mehr Marktteilnehmer sich danach richten. Wir nutzen den Indikator auch nicht zum aktiven Handel von kurzfristigen Spekulationen, wenn wir über eine Chartanalyse von uns interessierenden Aktien nachdenken. Wir versuchen, einen ungünstigen Zeitpunkt des Kaufs einer Aktie, die uns interessiert, zu vermeiden. Und dabei lesen wir gern ein Chart, das einen MACD enthält.

4.7 Relative Stärke Index (RSI)

Der RSI ist ebenso wie der MACD ein sehr viel beachteter Index. Er wird zur Gruppe der Oszillatoren gerechnet. Oszillatoren sollen anzeigen, wann eine Preisbewegung überhitzt ist, wann also mit einer Rückkehr der Preisbewegung zum Trend gerechnet werden kann. Wie der Trend ausgerichtet ist und wie stark dieser Trend ist, soll ein Oszillator nicht aussagen.

4.7.1 Exkurs zu den Bollinger-Bändern

Am einfachsten wäre es für eine solche Aussage, wenn also ein gleitender Durchschnitt gewählt und dann die durchschnittliche Abweichung vom gleitenden Durchschnitt (zum Beispiel in Form der Standardabweichung) gemessen würde. Läge der Kurs außerhalb der Standardabweichung, wäre damit zu rechnen, dass er sich dem gleitenden Durchschnitt als Trend wieder annähern würde. Dieses Verfahren hat John Bollinger zum ersten Mal beschrieben.[15] Daher werden die in dem Verfahren verwendeten Linien, die den gleitenden Durchschnitt (Bollinger Mitte), die obere Standardabweichung (oberes Bollinger-Band) und die untere Standardabweichung (unteres Bollinger-Band) zeichnen,

---

[15] Siehe John Bollinger, Bollinger Bänder – Der einfache Weg, Kursverläufe zu bestimmen, München, 2013.

Bollinger-Bänder genannt. John Bollinger wählte als gleitenden Durchschnitt den Durchschnitt der jeweils letzten 20 Handelstage. Er wählte nicht die einfache, sondern die doppelte Standardabweichung für die Zeichnung des oberen wie des unteren Bollinger-Bandes. John Bollinger unterstellt, dass die Kurse normalverteilt um den gleitenden Durchschnitt schwanken. Aus den Quantilen der Normalverteilung lässt sich ableiten, dass mit der zweifachen Standardabweichung eine Abweichung beschrieben würde, die in 95,7 % aller Fälle erreicht oder unterschritten würde. Das bedeutet, läge ein Kurs außerhalb des Bollinger-Bandes, läge ein Fall vor, für den es eine Wahrscheinlichkeit von 4,3 % gäbe. Es wäre also vernünftig, zu vermuten, dass die folgenden Kurse eher wieder innerhalb der Bollinger-Bänder beobachtet werden könnten. Diese Thesen sind akademisch offenbar nicht unumstritten, jedoch folgen viele diesen Thesen aufgrund ihrer hohen Plausibilität. Wir schauen auf das Beispiel in Abb. 4.15.

Wir sehen, dass es Phasen gibt, in denen die Bollinger-Bänder eine ganz gute Orientierung geben, wie zum Beispiel im Juli 2019. Schon im August 2019 sehen wir jedoch, dass selbst ein mehrmaliges Unterschreiten des unteren Bollinger-Bandes nicht zu einem Kursanstieg führt. Dieser kam erst im Verlauf des September 2019. Und natürlich ist die Frage, wie das untere Bollinger-Band eine Interpretationshilfe sein kann, wenn es täglich rapide fällt und dennoch unterschritten wird, wie im Zeitraum von Ende Februar 2020 bis Ende März 2020. Falls jemand einwerfen möchte, dass dies ja eine Sondersituation war (Ausrufung der Pandemie durch die WHO), sei erwidert, dass ich bereits genügend andere Handelsphasen mit ganz ähnlichem Chartbild erlebt habe. Eine starke Verunsicherung der Anleger, in der es reizvoller erscheint, das Risiko zu mindern statt Chancen zu suchen, kommt immer mal wieder vor.

4 Schritt 3: „Chartanalyse": Kaufzeitpunkt – Wie ...

Abb. 4.15 S&P 500 mit Candlesticks, Bollinger-Bändern und MACD. (Quelle: https://www.onvista.de/index/chart/S-P-500-Index-4359526, Abruf am 21.06.2020)

So einfach und leicht verständlich die Konstruktion des John Bollinger auch ist und so sinnvoll es auch sein mag, immer mal wieder auch die Bollinger-Bänder in ein Chart einzuzeichnen, so schön wäre es auch, einen stechenden Indikator, der die Überhitzung einer Preisbewegung anzeigt, zu finden.

4.7.2 Nun aber zum RSI

Einen solchen Indikator beschrieb Welles Wilders im Jahre 1978 mit dem Relative-Stärke-Index (RSI).[16] Er konstru-

---

[16] Siehe https://www.tradesignalonline.com/lexicon/view.aspx?id=Relative+Strength+Index+Classic+(RSIC).

ierte den Index so, dass er Werte zwischen 100 (das Wertpapier ist stark überkauft) und 0 (das Wertpapier ist stark überverkauft) annehmen konnte. Zur Berechnung des RSI in drei Schritten:

1. Im ersten Schritt werden sämtliche Aufwärtsbewegungen eines Beobachtungszeitraums addiert (als Beobachtungszeitraum wählte Herr Wilders 14 Tage). Das bedeutet, wenn der Kurs eines Wertpapiers heute höher ist als gestern, addieren wir die Differenz der beiden Schlusskurse. Ist der Kurs dagegen niedriger, ignorieren wir diese Differenz in diesem Schritt. Anschließend bilden wir den Durchschnitt der Aufwärtsbewegungen, teilen also die Summe aller Aufwärtsbewegungen durch die Anzahl der Tage, an denen Aufwärtsbewegungen auftraten.[17]
2. Im zweiten Schritt machen wir das gleiche mit den Abwärtsbewegungen der letzten 14 Handelstage. Wir addieren die Beträge der Abwärtsdifferenzen und bilden daraus den Durchschnitt.
3. Im dritten Schritt berechnen wir den RSI, indem wir den Durchschnitt der Aufwärtsdifferenzen teilen durch die Summe aus dem Durchschnitt der Aufwärtsdifferenzen und dem Durchschnitt der Beträge der Abwärtsdifferenzen. Da dieser Satz sehr lang ist, schreibe ich die Formel einfach mal auf:

$$RSI = \frac{\text{Durchschnitt der Aufwärtsbewegungen}}{\text{Durchschnitt der Aufwärtsbewegungen} + \text{Durchschnitt der Abwärtsbewegungen}}$$

---

[17] Falls nun ein eifriger Leser der Meinung ist, er müsste nur den Schlusskurs vom Eröffnungskurs subtrahieren und diese Differenz durch 14 teilen, dem sei gesagt, dass das Ergebnis dieser Operation nicht gefragt ist.

Nun sind die Extremwerte 100 (in den letzten 14 Tagen gab es keine Abwärtsbewegung) und 0 (in den letzten 14 Tagen gab es keine Aufwärtsbewegung) einleuchtend. Solche Extremphasen habe ich persönlich noch nicht erlebt. Nach Herrn Wilders Definition bedeutet ein RSI von 30 oder kleiner, dass das Wertpapier überverkauft ist. Dies könnte als Kaufsignal verstanden werden, da viele, die verkaufen wollten, bereits verkauft haben. Nun bleiben, so die dazugehörende Überlegung, nur die Käufer übrig, und die sorgen für wieder steigende Kurse. Demgegenüber bedeutet ein RSI der 70 oder größer ist, dass das Wertpapier überkauft ist. Viele von denen, die das Wertpapier kaufen wollten, besitzen es nun und wollen sich über weiter steigende Kurse freuen. Die Verkäufer bleiben im Markt und sorgen nun für fallende Kurse.[18]

Dabei handelt es sich jedoch nicht um Automatismen, wie wir es vom Aufdrehen eines Wasserhahns oder dem Betätigen eines Lichtschalters kennen. Überkaufte oder überverkaufte RSI-Muster können eine ganze Weile bestehen bleiben. Das bedeutet, dass die Kurse weiter steigen, obwohl der RSI schon eine überkaufte Situation anzeigt, oder weiter fallen, obwohl der RSI eine überverkaufte Situation anzeigt. Dies schauen wir uns am Chartbild in Abb. 4.16 an.

Wir sehen in Abb. 4.16, dass der RSI des S&P 500 trotz der teilweise sehr turbulenten Bewegungen zum Beispiel im ersten Quartal 2020 im Betrachtungszeitraum vom 22.06.2019 bis zum 22.06.2020 weder 100 noch 0 erreichte. Wir sehen jedoch auch, dass der S&P 500 16.12.2019 bis zum 02.01.2020 im überkauften Bereich ohne Korrektur verharrte. Vielmehr stieg der Kurs des S&P 500 bis zum 17.01.2020 weiter an. Sehr interessant ist die

---

[18] Zur Interpretation des RSI siehe auch Lampert, Claus, Relative Stärke Index nach Welle Wilders, https://www.charttec.de/html/indikator_rsi_relative_strength_index.php, 2019.

Abb. 4.16 S&P 500 im letzten Jahr mit Bollinger-Bändern, MACD und RSI. (Quelle: https://www.onvista.de/index/chart/S-P-500-Index-4359526, Abruf am 22.06.2020)

Phase kurz vor dem Beginn des Einbruchs des S&P 500 infolge der Ausrufung der Pandemie. Der Kursrutsch begann am 18.02.2020. Bis dahin stieg der S&P 500 nahezu stetig an. Der RSI ging jedoch tendenziell zurück. Eine solche Divergenz ist ein sehr schönes und beachtenswertes Warnsignal. Das Ausmaß und die Geschwindigkeit der Abwärtsbewegung mögen schwer oder nicht vorhersehbar gewesen sein, aber dass eine bevorstand, hat der RSI zuverlässig angezeigt. Eine solche Divergenz sehen wir auch im überverkauften Bereich. Der RSI markierte am 28.02.2020 das auf diesem Bild vermerkte Minimum von 19,164. Der S&P 500 hatte an diesem Tag einen Schlusskurs von 2954,22 (alle Angaben gemäß Onvista). Hier war die Divergenz lediglich insofern zuverlässig, dass tatsächlich irgendwann der Kurs des S&P 500 wieder stieg. Vorher jedoch fiel er noch deutlich weiter auf einen Schlusskurs von 2304,92 am 19.03.2020. Der RSI war an diesem Tag mit einem Wert von 31,567 bereits wieder im neutralen Bereich.

Wir lernen daraus, dass der RSI Gefahren deutlicher anzuzeigen scheint als Chancen.[19] Das kommt uns mit unserem Ansatz zur Chartanalyse entgegen. Denn wir analysieren Charts, um zu vermeiden, dass wir die dümmsten Aktienkäufer sind.

Zum Thema Chartanalyse kann noch viel mehr geschrieben werden. Und es wurde auch schon viel mehr geschrieben. Doch für unser Anliegen mit diesem Buch reichen diese Ausführungen aus.

---

[19] Dies ist wohl auch die Auffassung von Claus Lampert (https://www.charttec.de/html/indikator_rsi_relative_strength_index.php).

5

Fazit und Ausblick

Zusammenfassung Für die regelmäßige Arbeit mit der in diesem Buch vorgestellten Methode eignet sich eine einfache, aber gut strukturierte Tabellenkalkulation. Wichtig ist, dass die dargestellten drei Schritte der Aktienanalyse sequenziell aufeinander aufbauen. Diese Methode wirkt als Filter. Dabei werden nach Erfahrung des Autors sowohl wirtschaftlich angeschlagene Aktien herausgefiltert als auch Aktien, mit denen sehr hohe Zukunftserwartungen verbunden sind und die von der offenkundigen Mehrheit der Anleger daher sehr hoch bewertet werden. Es wird angesprochen, ob die Methode eher häufig oder eher selten zu einer Kaufentscheidung führt und warum. Zudem erfolgt noch ein Hinweis auf eine bilanzielle Besonderheit. Im Anschluss werden einige Gedanken zum Risikomanagement ausgeführt. Dabei wird eine Möglichkeit zur Ableitung eines Kurses vorgestellt, zu dem die Aktie zur Verlustbegrenzung wieder verkauft wird (Stopp Loss). Wichtiger ist aber die Vermeidung des Klumpenrisikos. Abschließend folgen noch einige Gedanken zu den Vorzügen dieser arbeitsreichen Methode. Zum Beispiel wird der Frage nachgegangen, warum die Anwendung dieser Methode nicht zu schnellem Reichtum führt und warum sie sich aus Sicht des Autors dennoch gegenüber der Anlage in aktiven Fonds oder ETF lohnt.

5.1 Die drei Schritte der Aktienanalyse

Wir haben nun die drei Schritte des Aktienkaufes beschrieben. Diese drei Schritte sind

1. Bonitätsanalyse: Die Analyse des Jahresabschlusses des Aktienemittenten.
2. Kurswertanalyse: Die Analyse und die Bewertung der Chance, die der Kauf der Aktie bietet.
3. Chartanalyse: Die Analyse des Kaufzeitpunktes

Im ersten Schritt gewinnen wir ein Bild vom Emittenten und der Art, wie dieser seine Geschäfte führt. Aufgrund der von uns eingesetzten Kennziffern können wir den Emittenten mit anderen vergleichen und somit priorisieren, mit welcher Aktie wir uns in der Folge weiter beschäftigen möchten.

Im zweiten Schritt bilden wir uns eine Meinung zur Höhe des Aktienkurses. Mit unserem Instrumentarium können wir uns abhängig von den Risiken, die im Markt gesehen werden, und von unserer eigenen Risikoneigung eine fundierte Haltung zum eventuellen Vorteil (oder Nachteil) zulegen, den der Aktienkauf bietet. Mit der Ermittlung des Kapitalwertes sind wir in der Lage, diese Haltung zu beziffern. Auch hier können wir Prioritäten festsetzen. Sofern der Kapitalwert mehrerer Aktien positiv ist, kaufen wir die Aktie mit dem höchsten Kapitalwert.

Im dritten und letzten Schritt schauen wir uns das Chartbild an. Damit wollen wir zwei Dinge vermeiden. Einerseits kann es sein, dass wir bestimmte Informationen trotz gründlicher Analyse falsch verstanden oder falsch interpretiert haben. Dann würde unser positives Bild von der Aktie nicht durch das Chartbild bestätigt und wir hätten Grund zur Vorsicht. Anderseits kann der Kaufzeitpunkt einfach ungünstig sein, da aufgrund von Verkaufssignalen zum Beispiel im MACD von zunächst fallenden Kursen auszugehen ist. Das warten wir natürlich gern ab.

Diese Schritte bauen sequenziell aufeinander auf. Die Bewertung des Zahlungsstroms hat keinen Sinn für eine Aktiengesellschaft, deren Insolvenz wahrscheinlicher ist, als mir als Anleger lieb ist. Und eine Chartanalyse soll vom Kauf einer Aktie abhalten, deren aktuelle Entwicklung nichts mehr mit ihrer glorreichen Vergangenheit zu tun hat.

Möglicherweise erscheint es sehr aufwändig, diese drei Schritte abzuarbeiten. Hier hilft eine gut strukturierte Tabellenkalkulation, die vieles automatisieren kann. Aber es bleibt Arbeit. Selbst brauche ich zwischen zehn Minuten und einer halben Stunde, um eine Aktie zu analysieren. Der Zeitaufwand ist dann höher, wenn es komplizierter ist, an Jahresabschlussdaten zu kommen. Einen Tipp in einer bunten Börsenzeitung zu lesen, erscheint einfacher. Der Zeitaufwand ist aber häufig nicht geringer. Im Gegenteil, das Lesen mancher Publikation nimmt wesentlich mehr Zeit in Anspruch als eine halbe Stunde.

Die Anwendung der hier vorgestellten Methode bringt zudem einen weiteren Effekt: Sogenannte Trendaktien, über die häufig publiziert wird und die nach Meinung mancher Autoren „jeder haben muss", werden häufig als zu teuer bewertet. Aktien, die Moden widerspiegeln, die sich auf noch nicht vollständig eingeführte Technologien beziehen oder ähnliche in der Entwicklung befindliche Effekte, werden Sie mit diesem System nicht in Ihr Depot bekommen. Und vielleicht ist das gar nicht so schlecht, wenn Sie daran denken, wie hart Sie für das Geld, das Sie für Aktienkäufe gespart haben, gearbeitet haben.

In der Tat ist es so, dass die meisten Analysen, die ich erstelle, nicht zum Kauf führen. Meist ist der Kurs schlicht zu hoch. Der Grund hierfür liegt in dem Umfeld sehr niedriger oder negativer Zinssätze. Sinkende Zinssätze führen tendenziell zu steigenden Vermögenswerten.[1] In weiteren Fällen spricht das Chartbild gegen einen Kauf. Bei Aktien aus dem angelsächsischen Umfeld ist es nicht selten so, dass die Summe aus Goodwill und immateriellen Vermögenswerten das Eigenkapital übersteigt. Das bedeutet in meinen Augen, dass ein solches Unternehmen im Liquidationsfall überschuldet wäre. Solche Unternehmen mag ich nicht besonders. Auch wenn in diesem Fall Kurs und Chart für einen Kauf sprechen, bin ich lieber sehr vorsichtig.

5.2 Handhabung des Risikos

Die Anwendung der drei Schritte wirkt wie ein starker Filter. Die Aktien, die es dennoch ins Depot schaffen, sind sorgfältig ausgewählt. Dennoch kann und wird es geschehen, dass auch Aktien fallen, die nach dieser Methode ausgewählt wurden. Das ist teilweise sogar eine Folge der Methode. Denn sogenannte „Trendaktien", die „jeder haben muss", werden ja häufig ausgeschlossen, da sie zu teuer sind. Fonds, die um Kundengeld buhlen, indem sie in die Aktien investieren, die viele Kunden gerade irgendwie gut finden, werden eher die Trendaktien kaufen und die anderen, die vielleicht für uns

---

[1] Diesen Zusammenhang kennen viele aus der Entwicklung der Immobilienpreise oder der Mieten. Finanzmathematisch ergibt sich dieser Zusammenhang aus der Kapitalwertformel.

5 Fazit und Ausblick

übrig bleiben, verkaufen oder nicht beachten. Also müssen wir mit Kursverlusten leben. Das ist auch nicht schlimm, wenn diese Kursverluste vorübergehend sind. Ärgerlich ist es, wenn bedeutende Teile des eingesetzten Betrages verloren gehen und nicht absehbar ist, dass künftige Kursgewinne zu einer Verbesserung der Situation führen. Es ist also hilfreich, sich bei jedem Kauf einer Aktie zu notieren, welchen Kursverlust man zu ertragen bereit ist. Dies könnte zum Beispiel mit dem von uns ermittelten Risikofaktor (siehe Abschn. 3.4.3) korrespondieren. Wir könnten also den Kaufkurs mit dem Risikofaktor multiplizieren und diesen Betrag vom Kaufkurs subtrahieren. Nun hätten wir einen Kurs, bei dessen Erreichen wir verkaufen würden, einen **Stop Loss**.

Wichtiger als dieses Verlustlimit ist aber etwas anderes: Wer in Wertpapieren Geld anlegt oder ansonsten am Kapitalmarkt arbeitet, muss Klumpen vermeiden. Es nützt uns nichts, diszipliniert einen Verlust zu realisieren, wenn dieser Verlust unser Vermögen ruiniert. Bedenken wir stets: wir sind Amateure, haben unsere Berufe und unsere Familien, die uns auslasten. Wenn wir nun an den Kapitalmarkt oder an die Börse treten, sind unsere Partner Profis. Wir müssen stets in der Lage sein, uns irren zu können. Wir müssen es uns also leisten können, mit dem Kauf einer Aktie trotz unserer Arbeit der oder die „Dümmste" gewesen zu sein. Und das bedeutet, eine Aktienposition muss stets klein sein, und zwar klein im doppelten Sinn:

- erstens, und das wird für die meisten von uns der ausreichende Aspekt sein, klein in Bezug auf unser Vermögen. Von einem sehr erfolgreichen Trader (also auf kurzfristige Spekulationen ausgerichteten Anleger) habe ich den Satz in Erinnerung: „Man muss sich hundert Mal irren können". Das würde bedeuten, dass für jede Position nur ein Prozent des für Aktienkäufe zur Verfügung stehenden Betrages eingesetzt würde. Ich muss gestehen, dass mir diese Idee sehr sympathisch ist. Wenn wir nach den beschriebenen drei Schritten Aktien analysieren und kaufen, dann haben wir einen langfristigen Anlagehorizont. Wir wollen sie also liegen lassen und uns nicht wöchentlich oder gar täglich mit der Frage befassen, ob die Entscheidung richtig war oder nun ein guter Moment wäre, sie zu korrigieren, oder gar einen Gewinn zu realisieren. Nein, wir wollen Aktien, um die wir uns nicht kümmern müssen. Deshalb wählen wir sie auch so sorgfältig aus. Und um uns von Klumpenrisiken zu befreien (also dem Risiko, dass uns ein Irrtum ruiniert), kaufen wir kleine Positionen. Wenn wir irgendwann, vielleicht einmal oder zweimal im Jahr, unser Depot durchschauen, werden einige Aktien sich gut entwickelt haben, andere nicht. Die, die unser Verlustlimit gerissen haben, verkaufen wir (vorher könnten wir noch eine Chartanalyse machen).

- Der zweite Aspekt der kleinen Position betrifft klein in Bezug auf die gehandelten Aktien dieses Emittenten insgesamt. Für die meisten Leser wird es keine Rolle spielen, aber es gibt Aktiengesellschaften, die von einigen potenten Anlegern durchaus aufgekauft werden könnten. Mit dem Erwerb eines wesentlichen Anteils an den ausgegebenen Aktien (hierbei gibt es auch Veröffentlichungspflichten) wird der Investor sichtbar und spielt eine ganz andere Rolle als der Anleger, der überlegt, fünf Aktien einer im DAX gelisteten Gesellschaft zu erwerben. Ein solcher Investor sollte sich über diese drei Schritte hinausgehende Gedanken machen. Der Grund ist hier wieder das Klumpenrisiko. Wesentliche Anteile an Aktien können nicht einfach so an der Börse veräußert werden. Solche Transaktionen fallen auf und beeinflussen die Kurse wesentlich. Derartige Gedanken zur

Liquidität einer Aktie sind auch nicht verschwendet, wenn wir zwar nicht Gefahr laufen, mit unseren Ersparnissen Großaktionär zu werden, jedoch die Aktie selten gehandelt wird. Unsere Position sollte so bemessen sein, dass wir keine Schwierigkeiten absehen können, sie auch wieder zu veräußern.

Unser Risikomanagement beginnt mit der sorgfältigen Auswahl der Aktien in den oben beschriebenen drei Schritten, wird weiter geführt mit dem geduldigen Aufbau vieler Positionen und findet seinen Abschluss im beherzten Verkauf von zu schlecht laufenden Positionen. Unser Portfolio gleicht nun einem dicht bepflanzten Garten.

Es muss hier nochmals ganz klar betont werden, dass eine Anlage in Aktien ohne Risiko nicht möglich ist. Es ist ganz im Gegenteil sogar vorstellbar, dass das gesamte in Aktien investierte Kapital verloren geht. Auch mit der hier vorgestellten Methode der Aktienanalyse ist dies nicht generell unmöglich. Nach meiner auf meiner Erfahrung beruhenden Meinung werden dank der Anwendung der hier vorgestellten Methode die Verlustrisiken verringert. Eine völlige Sicherheit hierfür gibt es aber nicht.

5.3 Abschließende Gedanken

Wer eine Methode sucht, um schnell mit Spekulationen reich zu werden, hat dieses Buch umsonst gelesen. Schnell wird das mit dem Reichtum schon deshalb nichts, weil nicht alle Analysen zu Käufen führen. Aus meiner Zeit als Bankmitarbeiter habe ich auch Kunden beobachten können, die tatsächlich einiges Vermögen durch Aktienanlagen aufbauen konnten. Es waren nicht sehr viele. Von denen habe ich zwei Dinge gelernt: Erstens wurden diese Kunden durch Aktien oder Optionen reich, keiner von ihnen mit Fondsanlagen. Zweitens setzten diese Kunden sehr viel Zeit ein und verloren sofort einen beachtlichen Teil ihres Vermögens, als dieses Zeitbudget nicht mehr zur Verfügung stand. Drittens verloren von den wenigen, die es zu stattlichen Gewinnen brachten relativ viele kurze Zeit später wieder fast alles. Ich selbst wende diese hier vorgestellte Methode des Aktienkaufs seit vielen Jahren an. Mit Anlagen und Spekulationen in Aktien, Anleihen und Optionen beschäftigte ich mich bereits vorher schon viele Jahre lang. Seit ich diese von mir entwickelte Methode anwende, nehmen die Schwankungen in meinen Depots ab. Dafür steigen die Erträge in Form von Dividenden und Kursgewinnen. Sind meine Aktienanlagen einem ETF überlegen? Ein ETF hat andere Ziele als ich mit meinen Aktien. Und es gibt sehr gute ETF. Aber meine Aktienanlagen sind besser diversifiziert. Das ist gerade in turbulenten Marktphasen ein großer Vorteil. Zudem findet nur Eingang in mein Depot, was von mir als gut und dennoch günstig befunden wurde. Ein ETF enthält üblicher Weise Werte, die andere gut finden und die deshalb teuer sind. Ist mein Depot besser als ein von einem Profi geführter Fonds? Es gibt sehr gute Fonds. Wenn Sie einen entdecken, kaufen Sie ihn ruhig. Es ist dann ganz natürlich, dass Ihrer Entscheidung andere Anleger folgen werden und ebenfalls Geld in den Fonds einbringen. Dies entspricht dem Ziel des Fonds. Er möchte möglichst viel Geld einwerben, um seine Kosten decken zu können. Mit diesem zufließenden Geld kauft der Fonds weiter die Vermögenswerte (also z. B. Aktien), für die er konzipiert wurde. Er kann das zufließende Geld nur im begrenzten Maße zurückbehalten, also kauft der Fondsmanager, solange das Geld in den Fonds fließt. Das treibt die Kurse der Aktien im Fonds. Wer demgegenüber selbst Aktien auswählt und analysiert, lernt unterscheiden, ob ein

5 Fazit und Ausblick

Aktienanstieg allein auf Zuflüsse von Anlegergeld zurückzuführen ist oder auf wachsendem wirtschaftlichen Erfolg fußt. Er kann in einer solchen Phase, in der Aktien einfach nur steigen, weil mehr Anleger Geld in Fonds investieren, andere Aktien suchen oder einfach warten. Das ist ein riesengroßer Vorteil gegenüber einem Fonds. Jedem, der sich nun ans Werk begibt und beginnt, selbst Aktien zu analysieren und auszuwählen, dem wünsche ich viel Erfolg und genügend Geduld.

Literatur

Balsinger, P. (20. Februar 2020). *Homma Munehisa: Der Erfinder der Candlestick-Charts.* Von https://www.boerse-online.de: https://www.boerse-online.de/nachrichten/aktien/homma-munehisa-der-erfinder-der-candlestick-charts-1028918383 abgerufen

Bernanke, B. (21. November 2002). *Deflation: Making Sure "It" Doesn't Happen Here.* Abgerufen am 22. August 2019 von The Federal Reserve Board: https://www.federalreserve.gov/boarddocs/speeches/2002/20021121/

Bernstein, P. L. (2002). *Wider die Götter. Die Geschichte von Risiko und Riskmanagement von der Antike bis heute.* (G. Beckmann, Übers.) dtv.

Berteit, R. (2018). *Bollinger Bänder – Der maximale Bewegungsspielraum für die Kurse.* Abgerufen am 07. Mai 2020 von www.godmode-trader.de: https://www.godmode-trader.de/know-how/bollinger-baender-der-maximale-bewegungsspielraum-fuer-die-kurse,3867846

Bollinger, J. (2013). *Bollinger Bänder – der einfache Weg, Kursverläufe zu beschreiben.* München: Finanzbuchverlag.

Draghi, M. (26. 06 2012). *Youtube*. Abgerufen am 22. August 2019 von AlphaX News: https://www.youtube.com/watch?v=tB2CM2ngpQg

Everling, O. (19. Februar 2018). *Credit Rating*. Abgerufen am 02. August 2020 von Gabler Wirtschaftslexikon: https://wirtschaftslexikon.gabler.de/definition/credit-rating-29476/version-253080

Gesetze im Internet. (23. September 2019). Von Aktiengesetz: https://www.gesetze-im-internet.de/aktg/__7.html abgerufen

GodmodeTrader-Team. (10. Juni 2020). *1.9.5. Schulter-Kopf-Schulter-Formation (Trendwendeformation)*. Von Der GodmodeTrader Charttechnik- und Tradinglehrgang : https://www.godmode-trader.de/know-how/1-9-5-schulter-kopf-schulter-formation-trendwendeformation,3733868 abgerufen

Guidants. (29. März 2020). Von Guidants: https://go.guidants.com/de/# abgerufen

Kralicek, P. (2007). *Bilanzen lesen – Eine Einführung*. Heidelberg: Redline Wirtschaft, Redline GmbH, Ein Unternehmen von Süddeutscher Verlag Mediengruppe.

Lampert, C. (02. 02 2019). *Relative Stärke Index nach Welle Wilders*. Abgerufen am 23. 06 2020 von charttec.de: https://www.charttec.de/html/indikator_rsi_relative_strength_index.php

Levermann, S. (2013). *Der entspannte Weg zum Reichtum* . München: dtv.

onvista media GmbH. (27. Mai 2020). *www.onvista.de*. Von onvista: https://www.onvista.de/ abgerufen

Relative Strength Index Classic (RSIC). (22. 06 2020). Abgerufen am 22. 06 2020 von tradesignal online: Relative Strength Index Classic (RSIC)

Sauerland, D. (19. Februar 2018). *Arbeitswertlehre*. Abgerufen am 02. August 2020 von Gabler Wirtschaftslexikon: https://wirtschaftslexikon.gabler.de/definition/arbeitswertlehre-28805/version-252429

Statista. (04. 07 2019). *Struktur des Geldvermögens der privaten Haushalte in Deutschland im Jahr 2018*. Abgerufen am 22. 08 2019 von Statista.com: https://de.statista.com/statistik/daten/

studie/153566/umfrage/verteilung-des-geldvermoegens-in-deutschland/

Wikipedia. (11. 02 2020). Von https://de.wikipedia.org: https://de.wikipedia.org/wiki/Rating abgerufen

Wilson, R. M., Wiener, B., & Almeida, R. M. (26. Mai 2020). *Ende der Vorrangstellung der Aktionärsinteressen.* Abgerufen am 26. Mai 2020 von www.godmode-trader.de: https://www.godmode-trader.de/artikel/ende-der-vorrangstellung-der-aktionaersinteressen,8417213

Wirtschaftslexikon24.com. (08. Dezember 2019). Von http://www.wirtschaftslexikon24.com/: http://www.wirtschaftslexikon24.com/e/cash-flow-nach-dvfa-sg/cash-flow-nach-dvfa-sg.htm abgerufen

Woll, A. (19. Februar 2018). *Wirtschaftslexikon Gabler.* Abgerufen am 02. August 2020 von Grenznutzenschule: https://wirtschaftslexikon.gabler.de/definition/grenznutzenschule-36180/version-259643

www.statista.de. (29. März 2020). Von www.statista.de: https://de.statista.com/statistik/lexikon/definition/126/standardabweichung/ abgerufen

GPSR Compliance
The European Union's (EU) General Product Safety Regulation (GPSR) is a set
of rules that requires consumer products to be safe and our obligations to
ensure this.

If you have any concerns about our products, you can contact us on

ProductSafety@springernature.com

In case Publisher is established outside the EU, the EU authorized
representative is:

Springer Nature Customer Service Center GmbH
Europaplatz 3
69115 Heidelberg, Germany

www.ingramcontent.com/pod-product-compliance
Lightning Source LLC
LaVergne TN
LVHW020348260326
834688LV00045B/1602